Deutsch als Fremdsprache



Ursula Turtur

# Übungen zum Wortschatz der deutschen Schriftsprache

Verlag Liebaug-Dartmann

Bibliografische Information der Deutschen Nationalbibliothek
Die Deutsche Nationalbibliothek verzeichnet diese Publikation in der Deutschen Nationalbibliografie; detaillierte bibliografische Daten sind im Internet über http://dnb.d-nb.de abrufbar.

Bibliographic information published by the Deutsche Nationalbibliothek
The Deutsche Nationalbibliothek lists this publication in the Deutsche Nationalbibliografie; detailed bibliographic data are available in the Internet at http://dnb.d-nb.de.


1. Auflage 2006, Meckenheim
Printed in Germany
ISBN 978-3-922989-61-5

# Inhaltsverzeichnis

# Vorwort

Die meisten Übungen in diesem Buch sind aus dem Unterricht in studienvorbereitenden Kursen hervorgegangen, also ganz praxisorientiert. Sie sind für Studenten gedacht, die sich besonders mit der deutschen Schriftsprache beschäftigen wollen oder müssen, z. B., um die Prüfungen DSH, FSP oder TestDaF abzulegen, am Unterricht eines Studienkollegs und schließlich an Universitätsveranstaltungen des Fachstudiums teilzunehmen.

Das Buch kann als Ergänzung zu kurstragenden Lehrwerken in studienvorbereitenden Kursen und überhaupt in der Mittelstufe eingesetzt werden, eignet sich aber durch den Lösungsschlüssel auch zum Selbststudium (ISBN 3-922989-62-2). Voraussetzung für die Arbeit mit dem Buch sind Grundstufenkenntnisse. Aber auch Studierende, die schon über Mittelstufenkenntnisse verfügen, können ihr Wissen hier überprüfen und konsolidieren.

Mannheim im Mai 2006

Ursula Turtur

# Abkürzungen

| | |
|---|---|
| *A*: | Akkusativ |
| bzw.: | beziehungsweise |
| *D*: | Dativ |
| d.h.: | das heißt |
| *G*: | Genitiv |
| jd: | jemand |
| j-n: | jemanden (*A*) |
| j-m: | jemandem (*D*) |
| *N*: | Nominativ |
| o. Ä.: | oder Ähnliches |
| Perf.: | Perfekt |
| Pl.: | Plural |
| Präs.: | Präsens |
| Prät.: | Präteritum |
| refl.: | reflexiv |
| Reflexivpr.: | Reflexivpronomen |
| s.: | sich (oder siehe) |
| S.: | Seite |
| schriftsprachl.: | schriftsprachlich |
| Sg.: | Singular |
| st.: | stark |
| sw: | schwaches Verb |
| Ü.: | Übung(en) |
| u. Ä.: | und Ähnliches |
| z. B.: | zum Beispiel |
| z. T.: | zum Teil |

# I Lernwortschatz aus Lesetexten zusammenstellen

Der erste Schritt zu Erweiterung und Festigung des Wortschatzes ist die Arbeit mit Texten: Es ist empfehlenswert, die wichtigsten Wörter aus gelesenen Texten zum Lernen und Wiederholen auf Karteikarten zu übertragen. (Leider ist das natürlich immer auch ein Zeitproblem!)

Einige Karteikarten zu dem Text „Strukturwandel in der Arbeitswelt" können z. B. so aussehen:

| **Vorderseite** | | **Rückseite** |
|---|---|---|
| ***Übergang*** | ungefähre Übersetzung | |
| | Artikel u. Pl. | r Übergang (Pl. Übergänge selten) |
| | Beispiel | der Übergang von der Agrar- zur Industriegesellschaft |

| | | |
|---|---|---|
| ***entstehen*** | ungefähre Übersetzung | |
| | Konstruktion im Satz* | kein Objekt |
| | Präs., Prät., Perf. | entsteht, entstand, **ist** entstanden |
| | Beispiel | Die Jobs der Zukunft entstehen nicht in der Produktion. |
| | eventuell Nomen | e Entstehung |

| | | |
|---|---|---|
| ***anpassen*** | ungefähre Übersetzung | |
| | Konstruktion im Satz | Reflexivpr. im *A*, *D* (oder: *an A*) |
| | Präs., Prät., Perf. | passt sich an, passte sich an, hat sich angepasst |
| | Beispiel | Jeder muss sich den veränderten Bedingungen anpassen. |
| | eventuell Nomen | e Anpassung (*an A*) |

*Konstruktion des Verbs im Satz:
Mit welchem Kasus (Akkusativ, Dativ, Genitiv) wird das Verb verbunden, hat es ein Präpositionalobjekt, ist es reflexiv? Steht das Reflexivpronomen im Akkusativ oder Dativ?
In vielen Grammatiken wird für Objekt die Bezeichnung *Ergänzung* verwendet.

**Wichtig beim Vokabellernen:** **regelmäßig wiederholen**
**die Wörter/Sätze laut sprechen**
**die Wörter/Sätze schreiben**

## Beispieltext 1: Strukturwandel in der Arbeitswelt

Für die Regierung und für unsere Gesellschaft überhaupt ist es heute eines der wichtigsten Ziele, den Arbeitsplatzabbau zu stoppen.
Wer sich aber heute um seinen Arbeitsplatz sorgen muss, den interessiert: Wo werden Jobs geschaffen? Wo fallen sie weg? Kurz: Wie sieht die Arbeitswelt aus?
Deutschland befindet sich nach Ansicht des Nürnberger Instituts für Arbeitsmarktforschung in der Anfangsphase eines grundlegenden Strukturwandels der gesamten Wirtschafts- und Arbeitswelt, wie er vielleicht nur mit dem Übergang von der Agrar- zur Industriegesellschaft zu vergleichen ist. Technologie, Ökologisierung und Internationalisierung der Wirtschaft sind Zeichen für einen grundlegenden Wandel. Und dieser Wandel hat Folgen für den Bedarf an Arbeitskräften. Die Jobs der Zukunft entstehen nicht in der Produktion; hier sinkt die Nachfrage. Die neuen Arbeitsplätze wachsen in hochqualifizierten Dienstleistungen, vor allem in Tätigkeiten, die mit Information zu tun haben.
Ein anderes Beispiel ist der Umweltschutz: Er ist nicht nur ein Jobvernichter. Umweltschutz schafft auch Arbeitsplätze. Die Zahl der in der Abfallbeseitigung, dem Gewässerschutz oder der Luftreinhaltung Beschäftigten nimmt zu. Wer sich mit solchen innovativen Tätigkeiten beschäftigen will, für den spielt Qualifizierung eine Schlüsselrolle. Wissen wird zur wichtigsten Wohlstandsquelle. Die gewohnte Lebensdrittelung in Ausbildung, Berufstätigkeit und Rente ist veraltet. Vielmehr wird sich jeder lebenslang weiterbilden müssen, um sich den veränderten Bedingungen am Arbeitsmarkt anzupassen.
(nach einem Artikel in der „Woche“ vom 19.01.1998)

**1** ***Lesen Sie den Text und notieren Sie die Wörter, die Sie für wichtig halten. Vergleichen Sie Ihre Liste mit der folgenden Liste!***
***Notieren Sie wie im Karteikartenbeispiel bzw. legen Sie für die Wörter in der Liste Karteikarten an! Nennen Sie dabei***
***– für die Nomen Artikel und Plural (falls vorhanden),***
***– für die Verben Präsens/Präteritum/Perfekt, A/D/G/Präposition; Ist das Verb reflexiv?***
***Wenn gefordert, notieren Sie bitte auch ein Synonym oder ein Beispiel aus dem Text!***
***Vergleichen Sie Ihre Notizen mit dem Lösungsschlüssel!***

**Lernwortschatz: Strukturwandel**

Strukturwandel → Wandel (+ *Synonym* + *Verb*)
schaffen (+ *Beispiel*)
wegfallen (+ *Beispiel*)
Wirtschafts- und Arbeitswelt → Welt
Anfangsphase → Phase (+ *Synonym*)
Übergang
vergleichen (+ Beispiel)
Zeichen
Folge (+ *Beispiel*)
Bedarf (+ *Beispiel*)
Arbeitskraft
Beispiel
Schutz (+ *Verb*)
Firma
Jobvernichter → Vernichter (*Verb!*)
zunehmen
eine Rolle spielen (+ *Beispiel*)
Wohlstandsquelle → Wohlstand
→ Quelle
weiterbilden (+ *Beispiel; Nomen*)
Bedingung (+ *Synonym*)
anpassen (+ *Beispiel*)

## Beispieltext 2: „Vision 2020"

Die brasilianische Bank für wirtschaftliche und soziale Entwicklung und das brasilianische Planungsministerium haben eine Consulting-Gruppe (Booz-Allen & Hamilton) damit beauftragt, mögliche Szenarien, Tendenzen von Veränderungen (keine Prognosen!) für die Zukunft auszuarbeiten. Die Resultate wurden in einem Dokument mit dem Titel „Vision 2020" veröffentlicht.
Der Ausgangspunkt der Studie ist der Gedanke, dass sich die Welt nicht in einer aus Vergangenheit und Gegenwart ableitbaren Regelmäßigkeit entwickelt, im Gegenteil, Diskontinuität und Brüche sind die Regel.
Die Consulting-Firma hat auf der Basis von Forschungsarbeiten über globale Fragen vier grundlegende Szenarien gezeichnet:
In einem dieser Szenarien, entwickelt in Anlehnung an das Buch „Commanding Heights" (Die herrschenden Konzerne) von Daniel Yergin und Joseph Stanislaw, wird angenommen, dass die Erde in den kommenden Jahren von 100 großen multinationalen Konzernen beherrscht sein wird, deren Macht die der Nationalstaaten bei weitem übertrifft.
Ein anderes Szenario ist von Manuel Castells „The Rise of the Network Society" („Der Aufstieg der Netzwerk-Gesellschaft") inspiriert: Die großen Kommunikationsnetze sind allgegenwärtig. Untereinander verbundene Gemeinwesen führen zu einem Prozess der Dezentralisierung, und geschlossene, autoritäre Gesellschaften lösen sich auf.
Eine dritte Möglichkeit basiert auf dem Buch „Agenda 21: The Earth Summit Strategy to Save Our Planet" (Strategien zur Rettung unseres Planeten) von Daniel Sitarz: Hier geht es um den Primat der Ökologie, um das Bemühen um umweltverträgliches Wachstum.
Das düsterste der vier Szenarien gründet sich auf Samuel Huntingtons „The Clash of Civilizations" („Kampf der Kulturen"): Huntington sieht eine Welt voraus, in der sich die Nationen aufgrund ethnischer und religiöser Konflikte bekämpfen. Die Vorherrschaft der westlichen Zivilisation wird in Frage gestellt ...
Die Welt von 2020 wird möglicherweise Elemente aller dieser Szenarien enthalten.
(nach einem Artikel der brasilianischen Zeitschrift „Veja" vom 24.11.1999)

**2** ***Bitte notieren Sie auch zu diesem Text die Wörter, die Sie für wichtig halten. Vergleichen Sie Ihre Auswahl mit der folgenden Liste! Legen Sie zu den Wörtern der Liste Karteikarten an und vergleichen Sie sie mit dem Lösungsschlüssel!***

## Lernwortschatz: Vision 2020

Ministerium
beauftragen
Szenarium/Szenario: *Beispiel aus Text*
Tendenz (+ *Verb!*)
Prognose
Dokument
Studie
ableitbar: → *Passivkonstruktion*
Diskontinuität: *Gegenteil?*
Bruch
Anlehnung: *Präpositionen, Beispiel aus Text!*
Macht
übertreffen + *Beispiel*
inspirieren + *Nomen, Beispiel aus Text*
Kommunikationsnetz
Gemeinwesen
Dezentralisierung: *Gegenteil?*
autoritär: *Beispiel aus Text*
auflösen: *Beispiel aus Text*
basieren + *Präp., Beispiel aus Text*
Primat: *Beispiel aus Text*
umweltverträglich: *Beispiel aus Text*
gründen *(Konstruktion im Text?)*
ethnisch: *Beispiel aus Text*
die Vorherrschaft in Frage stellen: *Beispiel aus Text!*

# II Eine Auswahl von Wörtern und Wendungen für Textverständnis und Zusammenfassung

(Beitrag von Monika Michels-McGovern)

Wenn man einen Text verstehen will oder zusammenfassen muss, geht es oft um folgende Fragen und Formulierungen:

| | Beispiel | Bedeutung |
|---|---|---|
| **A) Was ist das Thema?** | | |
| Es handelt sich um/Es geht um | Hier handelt es sich um Umweltkriminalität.<br>Hier geht es um Umweltkriminalität. | Umweltkriminalität ist hier das Thema, darüber wird geschrieben/gesprochen/diskutiert. |
| handeln von | Der Roman handelt von Umweltkriminalität. | Das Thema des Romans ist Umweltkriminalität. |
| | s. Übungen Nr. 6 und 7 | |
| **B) Meinungen wiedergeben** | | |
| laut | Laut Amnesty International ... | Amnesty International sagt, dass ... |
| nach Angaben *G*/ nach Angaben von | Nach Angaben der WHO ... | Die WHO sagt, dass ... |
| zufolge *D* (nachgestellt) | Einem Bericht der WHO zufolge ... | Die WHO berichtet, dass/ In einem Bericht der WHO steht, dass ... |
| nach Ansicht *G*/von | Nach Ansicht vieler Wissenschaftler ... | Viele Wissenschaftler meinen, dass ... |
| eine Ansicht vertreten | Der Wissenschaftler vertritt die Ansicht, dass ... | Der Wissenschaftler meint, dass ... |
| behaupten | Viele Experten behaupten, dass ... | Viele Experten sagen (aber das wird bezweifelt), dass |
| feststellen | In seiner Rede stellte der Kanzler fest, dass ... | In seiner Rede sagte der Kanzler, dass ... |
| meiner Meinung nach | s. Übung Nr. 8 | |
| halten für/halten von | s. Übungen Nr. 9 und 10 | |

## C) Forderungen/Bedarf

| | | |
|---|---|---|
| fordern | Die Arbeiter fordern mehr Lohn. | Die Arbeiter wollen mehr Lohn. |
| die Forderung stellen nach | Die Arbeiter stellen die Forderung nach mehr Lohn. | |
| verlangen | Die Arbeiter verlangen mehr Lohn. | |
| benötigen | Für diese Arbeit benötigt man gute Sprachkenntnisse. | Für diese Arbeit braucht man gute Sprachkenntnisse. |
| erfordern | Diese Arbeit erfordert gute Sprachkenntnisse. | |
| erforderlich | Für diese Arbeit sind gute Sprachkenntnisse erforderlich. | |
| Es besteht Bedarf an *D* (feste Verbindung) | Es besteht Bedarf an qualifizierten Arbeitskräften. | Man braucht qualifizierte Arbeitskräfte. |
| angewiesen sein auf *A* | Der Student ist auf die Unterstützung durch seine Eltern angewiesen. | Der Student braucht die Unterstützung … s. Übung Nr. 11 |
| Es herrscht Mangel an *D* (feste Verbindung) | Es herrscht Mangel an qualifizierten Arbeitskräften. | Es gibt nicht genug qualifizierte Arbeitskräfte. |

## D) Hilfe

| | | |
|---|---|---|
| unterstützen | Die EU unterstützt dieses Projekt finanziell. | Die EU hilft bei diesem Projekt, indem sie Geld gibt. |

## E) Wichtig und unwichtig

| | | |
|---|---|---|
| eine Rolle spielen | Persönliches Interesse am Fach spielt bei der Berufswahl eine große Rolle. | Persönliches Interesse am Fach ist bei der Berufswahl sehr wichtig. |
| von Bedeutung sein | Das persönliche Interesse am Fach ist von großer Bedeutung für den Studienerfolg. | Das persönliche Interesse am Fach ist sehr wichtig für den Studienerfolg. |
| an Bedeutung gewinnen | Das Internet gewinnt auch im privaten Bereich immer mehr an Bedeutung. | Das Internet wird auch im privaten Bereich immer wichtiger/Seine Bedeutung nimmt zu. |
| an Bedeutung verlieren | Lesen verliert immer mehr an Bedeutung. | Lesen wird immer unwichtiger/Immer weniger Menschen lesen. |
| Wert legen auf *A* | Früher legte man mehr Wert auf Pünktlichkeit. | Früher fand man Pünktlichkeit wichtiger. |

**F) Formulierungen aus den Wissenschaften**

| | | |
|---|---|---|
| untersuchen | Wissenschaftler haben das Phänomen untersucht. | Wissenschaftler haben sich mit dem Phänomen beschäftigt. |
| durchführen | Wissenschaftler haben ein Experiment/eine Untersuchung/eine Umfrage durchgeführt. | Wissenschaftler haben ein Experiment/... gemacht. |
| die Umfrage | Man hat eine Umfrage unter Experten durchgeführt. | Man hat Experten befragt. |
| ergeben | Das Experiment/... ergab, dass ... | Das Ergebnis des Experiments war, dass ... |
| zufolge *D* (nachgestellt) | Einer Umfrage zufolge ... | |

**G) Formulierungen aus Politik und Gesellschaft**

| | | |
|---|---|---|
| ein Gesetz erlassen | Das Parlament hat Gesetze zum Schutz der Umwelt erlassen. | Das Parlament hat Gesetze zum Umweltschutz amtlich bekannt gemacht. |
| Maßnahmen treffen/ergreifen | Die Regierung hat Maßnahmen zum Schutz der Verbraucher getroffen/ergriffen. | Die Regierung hat etwas getan, um die Verbraucher zu schützen. |
| sich engagieren für/sich einsetzen für | Greenpeace engagiert sich für Umweltschutz./Gr. setzt sich für Umweltschutz ein. | Greenpeace kämpft für Umweltschutz, Gr. tut viel für Umweltschutz. |

**3** ***Bitte setzen Sie Wörter bzw. Ausdrücke aus den obigen Beispielen ein (zu B)!***

1. Der Politikwissenschaftler Francis Fukuyama ________________ 1989, _____ die Gesellschaftsform „Demokratie" endgültig gesiegt hat.
2. _________ Artikel drei des Grundgesetzes sind Mann und Frau gleichberechtigt.
3. US-Ökonomen ________________ _____ _____________, ______ sich die wirtschaftlichen Veränderungen immer mehr beschleunigen.
4. ___________ ________________ des Statistischen Bundesamtes leben mehr als 50% der Deutschen in Single-Haushalten.
5. __________ ______________ von Klimaforschern wird das Eis des Nordpols im Jahr 2080 verschwunden sein.
6. Den jüngsten Wetterdaten _______________ ist in den nächsten Tagen mit starken Stürmen zu rechnen.
7. Neurologen haben _______________, ______ es im Gehirn eine Region gibt, die für die Empfindung von Transzendenz zuständig ist.

**4** ***Bitte formulieren Sie auf andere Weise, ohne die Bedeutung zu ändern (zu C):***

1. Der Dekan **will** eine bessere Ausstattung seines Fachbereichs.
   Der Dekan ..........................................................................................
   Der Dekan ..........................................................................................
   Der Dekan ..........................................................................................
2. Für eine Existenzgründung **braucht** man ausreichend Kapital.
   Für eine Existenzgründung ..............................................................
   Eine Existenzgründung ....................................................................
   Für eine Existenzgründung ist .........................................................
3. **Man braucht** gut ausgebildete Informatiker. (Benutzen Sie eine feste Verbindung!)
   ..........................................................................................................
4. **Man hat nicht genug** gut ausgebildete Informatiker. (bitte eine feste Verbindung!)
   ..........................................................................................................

**5** ***Bitte ergänzen Sie (zu E)!***

1. Viele Professoren ___________ großen _________ _____ eine korrekte sprachliche Form.
2. Die Examensnoten haben beim Kampf um einen Arbeitsplatz ____ _____________ verloren, Erfahrung und Auslandspraxis dagegen __________________________.
3. Die Entwicklung alternativer Energien ______ ______ großer ________________ für den Umweltschutz.
4. Alternative Energien _______________ immer mehr _____ ________________
5. Die Jugendlichen _____________ heute wieder mehr ____________ ______ Familie und Freunde.
6. Die Atmosphäre im Elternhaus ______ ______ entscheidender ________________ für die Entwicklung des Kindes.
7. Die Atmosphäre im Elternhaus ________________ bei der Entwicklung des Kindes eine entscheidende _____________.

***(zu F/G):***

8. Unter der wahlberechtigten Bevölkerung wurden Umfragen ____________________.
9. Die Umfragen _______________, _______ die wirtschaftliche Situation nach wie vor negativ beurteilt wird.
10. In den letzten Jahren wurde die Wirkung der Meeresströmungen auf das Klima ______________________.
11. Die Volksvertretung __________________ die Gesetze.
12. Amnesty International __________________ _________ ______ die Einhaltung der Menschenrechte.
13. Amnesty International ______________ ________ _______ die Einhaltung der Menschenrechte _________.

## es handelt sich um – es geht um; handeln von

***Es handelt sich um*** und ***es geht um*** werden oft synonym gebraucht, sind aber nicht immer austauschbar.
***Es handelt sich um*** wird oft verwendet, wenn es um den Inhalt geht (also bei Texten), ***es geht um*** betont das **Thema**, den **Schwerpunkt**, das **Wichtigste** (bei Kongressen, Tagungen, bei Wahlen ...). Aber das ist nur ein Aspekt unter mehreren, s. z. B. Übung 7.
Umgangssprachlich/mündlich sagt man auch *es dreht sich um*, z. B. in der Werbung: „Hier dreht sich alles um die Küche!"
***handeln von*** wird häufiger benutzt, wenn es wirklich um eine **Handlung** geht, z. B. in einem Film oder Roman.
Beachten Sie: Wenn ein Nebensatz (auch erweiterter Infinitivsatz mit *zu*) folgt, müssen die Pronominaladverbien *darum* bzw. *davon* gebraucht werden:
Es geht **darum**, die Frauen zu entlasten.
Der Artikel handelt **davon**, wie man sich vor Kälte schützen kann.

**6** ***Bitte ergänzen Sie!***

1. Bei diesem Patienten handelt _____ ___________ ____ ein___ akut___ Fall von Malaria.
2. Bei diesem Patienten handelt _____ __________ ____ ein___ chronisch__ Krank_______.
3. Bei dem Angeklagten handelt _____ __________ ____ ein___ Mann ohne festen Wohnsitz.
4. Bei den Atomtests handelt _____ ___________ _______ eine völlig unnötige Gefährdung von Mensch und Umwelt.
5. „Ich muss dringend den Chef sprechen!" – „W_________ ______________ ______ _________ denn?" - „______ ______________ ___________ _______ ein____ Sabotageversuch."

In 1. bis 4. ist *es geht um* nicht möglich!

**7** ***Bitte ergänzen Sie! (es handelt sich um – handeln von – es geht um)***

1. Wo________ handelt ____ __________ in diesem Text? (oder: Wo____________________ ____________________?) ______ ______________ ____________ _______ Umweltprobleme. (oder: ____________________________________________________________)
2. Wo________ ging _______ _______ d_____ Fernsehendung? ______ ____________ _______ aktuelle politische Probleme.
3. Wo_______ ging _____ auf dem Kongress in Kyoto? _____ __________ ______ die Verringerung der $CO_2$-Emissionen.
4. Wo_____ ____________ ______ auf dem Parteitag in Beijing? ________________________________________, (Wer führt China in den nächsten Jahren?)
5. Der Film „Die Festung" __________________ _______ 2. Weltkrieg.
6. Wo_____ _______________ dieses Buch? Es ______ _____ d___ Schwierigkeiten, Beziehungen zu anderen Menschen aufzubauen.
7. Bei einem internationalen Turnier ____________ ______ ______ ein hohes Preisgeld.
8. In der Gerichtsverhandlung __________ ____ _____ die Frage, ob es Mord oder Totschlag war.

9. Der Roman ____________ ________ den Kämpfen zwischen Drogendealern in den Elendsvierteln von Rio.
10. Bei der nächsten Bundestagswahl ___________ ______ ______ die Frage, ob die SPD oder die CDU die stärkste Partei wird.
11. Bei manchen Romanen ___________ _____ _________ eigentlich ______ autobiographisches Material in Romanform.
12. Der Film „Der Untergang“ ___________ _________ d____ letzten Tagen Hitlers.
13. In Shakespeares „Romeo und Julia“ ____________ ______ _____ die aussichtslose Liebe der Kinder zweier verfeindeter Familien. (Es gibt auch eine andere Möglichkeit: ..........................................................................................................................................)
14. In den James-Bond-Filmen __________ _______ immer _______ Leben oder Tod.

## Meiner Meinung nach / Ich bin der Meinung, dass:

(schriftsprachliche Varianten: **Meiner Ansicht nach / Ich bin der Ansicht, dass ... Meiner Auffassung nach / Ich bin der Auffassung, dass ...**)

*Beispiel:*
Kernkraft ist ein wichtiger Teil unserer Energieversorgung.
Mein**er** Meinung (Ansicht/Auffassung) **nach ist** die Kernkraft ein wichtiger Teil unserer Energieversorgung. Ich bin **der** Meinung (Ansicht/Auffassung), **dass** die Kernkraft ein wichtiger Teil unserer Energieversorgung **ist**.

8 ***Bitte drücken Sie aus, dass es sich um Ihre Meinung handelt!***

1. Wir können uns nicht auf alternative Energien beschränken.
_______________________________________________
2. Wir müssen sparsam wirtschaften.
_______________________________________________
3. Wir müssen mehr Geld in die Energieversorgung investieren.
_______________________________________________
4. Wir müssen uns mehr anstrengen.
_______________________________________________
5. Es müsste möglich sein, unsere wirtschaftlichen Probleme besser in den Griff zu bekommen.
_______________________________________________
6. Alle Kursteilnehmer sollten mehr Deutsch sprechen, lesen und schreiben.
_______________________________________________
7. Das Wetter beeinflusst die Stimmung.
_______________________________________________

Anmerkung: Nicht immer wird „nach“ nachgestellt:
Professor Köhler ist der Meinung, dass Studiengebühren eingeführt werden sollten.
Nach Meinung von Professor Köhler sollten Studiengebühren eingeführt werden.
Nach seiner Meinung/Seiner Meinung nach ...

## halten *A* für/halten von

**9** ***Bilden Sie Sätze mit „halten für" und ergänzen Sie Endungen und Artikel.***

Beispiel:
Ich _______ unser__ Finanzminister ____ ein__ fähig___ Politiker
Ich halte unser**en** Finanzminister **für** ein**en** fähig**en** Politiker.
(unseren Finanzminister: Akkusativ; für einen fähigen Politiker: für + Akkusativ)

(Ich meine/denke/glaube, dass unser Finanzminister ein fähiger Politiker ist.)

1. Frau Maler ________ ihr__ Sohn _____ ein begabt___ Kind.
2. Frau Maler ________ ihr___ Mann _____ ein___ schlecht___ Autofahrer.
3. Manche Leute _________ die Regierung ____ unfähig.
4. Manche Menschen ________ jed____ Politiker _____ korrupt.
5. Viele _________ die politische Lage ______ kritisch.
6. Der Bürgermeister _________ d___ Wohnbezirk aus der Vorkriegszeit ______ sanierbar.
7. Der Projektleiter __________ d____ Plan _______ durchführbar.
8. Die meisten Verbraucher __________ Eier von freilaufenden Hühnern ______ gesünder.
9. Viele Westdeutsche ___________ die Kosten der Wiedervereinigung ______ zu hoch.
10. Die jungen Leute _______ d___ Beruf _____ ein Mittel, Erfahrungen zu sammeln.
11. Viele junge Leute __________ das Privatleben _____ ebenso wichtig wie d____ Beruf.
12. Ich __________ _____ _______ unmöglich, Deutsch in vier Wochen zu lernen.*
13. In Asien __________ man die Alten _____ weise.
14. Viele ________ die Jüngeren ______ unerfahren.
15. In den Industrieländern ________ man die Alten ______ unproduktiv.
16. Viele Menschen ________ das Alter _____ eine Zeit des Verfalls.
17. Viele _________ die Gefahr, senil zu werden, ______ groß.
18. Andere __________ das Alter _____ ein___ Herausforderung.
19. Ich __________ _____ nicht _______ richtig, dass die Alten isoliert werden.*

*halten für + Adjektiv + **Nebensatz (auch erweiterter Infinitivsatz mit zu)**:
Wenn der Hauptsatz an erster Stelle steht, ist ***es*** zu ergänzen:
Ich halte **es** für unvorsichtig, bei Minusgraden mit Sommerreifen zu fahren.

## halten von

**10** ***Wählen Sie eins der folgenden Adjektive:***

bedenklich – gefährlich – gut – nützlich

*Beispiel:*
Was halten Sie **von** der Gleichberechtigung?
– Ich halte viel/wenig/nichts **davon**.
– Ich halte die Gleichberechtigung heutzutage **für** unabdingbar.
– **Ich meine/denke, dass** die Gleichberechtigung heute unabdingbar ist.
– **Meiner Meinung/Ansicht nach** ist die Gleichberechtigung heutzutage unabdingbar.

1. Was halten Sie von Atomkraft?

   ______________________________________________

2. Was halten Sie von dem Vorschlag der Regierung, die Steuern für ausländische Führungskräfte zu senken?

   ______________________________________________

3. Was halten Sie von der Absicht, die Wochenarbeitszeit zu verlängern?

   ______________________________________________

4. Was halten Sie von dem Plan, die Kraftstoffsteuern weiter zu erhöhen?

   ______________________________________________

## angewiesen sein auf *A*

**11** ***Bitte bilden Sie Sätze! Benutzen Sie die Präposition oder „da(r)-" + Präposition! Ergänzen Sie auch die Artikel!***

*Beispiel:*
Student – Unterstützung durch seine Eltern
→ Der Student ist auf die Unterstützung durch seine Eltern angewiesen.
(Der Student braucht die Unterstützung durch seine Eltern unbedingt.)

1. deutsche Wirtschaft – Export

   ______________________________________________

2. deutsche Wirtschaft – exportieren

   ______________________________________________

3. Landwirtschaft – günstige Wetterverhältnisse

   ______________________________________________

4. Skifahrer – Schnee

   ______________________________________________

5. Lehrer – Mitarbeit seiner Schüler

   ______________________________________________

6. Entwicklungsländer – Unterstützung durch die Industriestaaten

   ______________________________________________

## Begriffe definieren

Um Begriffe zu definieren, kann man u. a. folgende Wendungen verwenden:
**verstehen *A* unter *D*:**
**Unter** ein**em** Reaktor **versteht man** ein**e** Anlage, in der durch Kernspaltung Energie erzeugt wird.

**bezeichnen *A* als *A*:**
Eine Anlage (Akkusativ), in der durch Kernspaltung Energie erzeugt wird, **bezeichnet man als** Reaktor (Akkusativ).

12 ***Ordnen Sie die folgenden Begriffe und Definitionen einander zu und formulieren Sie Sätze nach den Beispielen!***

| Begriff | Definition |
|---|---|
| 1. Abgase (Pl.) | a) Vorrat an Rohstoffen |
| 2. Kraftwerk | b) die Zerstörung des Bodens durch Wasser, Eis oder Wind |
| 3. Ressourcen (Pl.) | c) globaler Temperaturanstieg, z. B. durch den erhöhten $CO_2$-Gehalt der Luft |
| 4. Emission | d) Anlage, in der Elektrizität erzeugt wird |
| 5. Verseuchung | e) Stoffe, die bei der Verbrennung von Rohstoffen entstehen und in die Luft geraten |
| 6. Treibhauseffekt | f) das Pflanzen von neuen Bäumen in einem abgeholzten Wald |
| 7. Erosion | g) die Verschmutzung mit krankmachenden giftigen Stoffen |
| 8. Aufforstung | h) der Ausstoß von Gasen, die die Luft verschmutzen |

# III Verbalisierung von Statistiken

## Beschreibung

Quelle: **Es handelt sich um eine Statistik des/von ...**
**Stand** 2002/2003 usw.
Die Statistik/Grafik/das Schaubild **gibt Auskunft über .../stellt ... dar.**
**Es fällt auf, dass ...** (Was ist das Besondere?)
**Zusammenfassend kann man feststellen, dass ...**

## Zahlenangaben:

Man benutzt sehr oft das Verb **betragen, beträgt, betrug, hat betragen**
(manchmal auch: *liegen bei*).
**Subjekt ist dann immer die messbare Größe,** nicht die konkrete Sache oder Person:
**Die Temperatur beträgt** 20 Grad (nicht: Die Wärme ...)
**Die Höhe des Berges beträgt** 3000 m. (nicht: Der Berg ...)
**Mein Gewicht beträgt** 60 kg. (nicht: ich ...)
**Die Zahl der Studenten beträgt** ...
**Der Anteil der** älteren Menschen **an** der Bevölkerung **beträgt** 40%.
**Der Anteil** der Arbeitslosen/**die** Arbeitslosen**quote beträgt** ca. 11%

## Entwicklung

**die Rate:** Die Geburtenrate in Deutschland ist weiter gesunken.
(Rate: *x*-Rate = Zahl von *x* pro Zeit: Geburtenrate = Zahl der Geburten pro Zeit (pro Jahr, pro Jahrzehnt ...)

**mehr werden:**
e Zunahme/r Anstieg/s Wachstum (beträgt...)

| | |
|---|---|
| steigen (ansteigen) von – auf (um*) | *um bezeichnet die Differenz |
| **ist** gestiegen (angestiegen) | *Die Zahl der Arbeitslosen ist* ***von*** *3 Mio.* ***auf*** *5 Mio. gestiegen: Sie ist* ***um*** *2 Mio. gestiegen.* |
| zunehmen um*, **hat** ... zugenommen | |
| wachsen, **wächst, ist gewachsen** | **bei *steigen/zunehmen/wachsen* ist KEIN PASSIV möglich!** |

sich erhöhen von – auf (um*), hat sich ... erhöht

| | |
|---|---|
| sich vergrößern | |
| sich verdoppeln/verdreifachen ... | |
| eine steigende Tendenz aufweisen | *Der Konsum weist eine steigende Tendenz auf.* |

**weniger werden:**
e Abnahme/r Rückgang/e Verringerung (beträgt ...)

sinken von – auf (um*), **ist** ... gesunken
zurückgehen von – auf (um*), **ist** ... zurückgegangen
abnehmen um, **hat** ... abgenommen (Dieses Verb wird selten mit *von – auf* gebraucht)
sich verringern (vermindern, reduzieren) von – auf (um*), **hat** sich ... verringert

| | |
|---|---|
| fallen, **fällt, fiel, ist ... gefallen** | **Bei *sinken/zurückgehen/abnehmen/fallen* ist KEIN PASSIV möglich!** |

sich verkleinern
sich halbieren
eine sinkende Tendenz aufweisen

**mehr oder weniger machen** (verursachen, dass etwas mehr oder weniger wird):

| | |
|---|---|
| steigern *A* | *Die Firma steigerte die Produktion.* |
| erhöhen *A* | *Die Firma erhöhte die Produktion.* |
| senken *A* | *Die Firma senkte die Produktion.*<br>*Die Firma **hat** die Produktion **gesenkt**.* |

**Bei diesen Verben sind im Gegensatz zu *steigen* und *sinken* Passivkonstruktionen möglich.**
Übungen zu steigen/steigern, sinken/senken siehe Kapitel XI.

**gleich bleiben:**

| | |
|---|---|
| gleich bleiben | *Die Geburtenzahlen **sind** gleich geblieben.* |
| unverändert bleiben | *Die Geburtenzahlen **sind** unverändert geblieben.* |
| stagnieren | *Die Geburtenzahlen **haben** stagniert.* |

**Rangordnung:**

| | |
|---|---|
| an der Spitze stehen<br>(Der Spitzenreiter ist ...) | |
| an erster Stelle stehen/an der ersten Stelle stehen | *Bei der Studiendauer stehen die Rechtswissenschaften an erster Stelle.* |
| an zweiter/an der zweiten Stelle stehen usw. | |
| Es folgt/es folgen/gefolgt von | *Es folgen die Sprachwissenschaften.*<br>*Bei der Studiendauer stehen die Rechtswissenschaften an erster Stelle, gefolgt von den Sprachwissenschaften.* |
| an vorletzter Stelle stehen | |
| an letzter Stelle stehen<br>(Das Schlusslicht ist ...) | |

**Vergleiche:**

| | |
|---|---|
| Zwei Faktoren sind **gleich lang/ hoch** usw. | *Die beiden Kirchtürme sind gleich hoch.* |
| Der eine Faktor ist **so lang wie** .../ **so hoch wie** der andere. | *Der Turm rechts ist so hoch wie der Turm links.* |

Der eine Faktor ist **nicht so lang wie** .../**fast so lang wie** .../**doppelt so lang wie** .../**halb so lang wie** ...

Ausdrücke des **Kontrasts**:

| | |
|---|---|
| A **hat viel** ..., aber B **hat mehr** ... | |
| **Im Gegensatz zu** A **hat** B ... | *Im Gegensatz zu Deutschland hat Russland viele Bodenschätze.* |
| A hat ... **Im Gegensatz dazu hat** B ... | |
| **Während** A ... **hat/ist, hat/ist** B ... | *Während D. nur wenige Bodenschätze hat, verfügt R. über viele natürliche Ressourcen.* |
| A hat ... . B **dagegen/hingegen/ jedoch/(demgegenüber) hat** ... | *D. hat nur wenige Bodenschätze. R. dagegen verfügt über viele natürliche Ressourcen.* |

**„Kleine" Wörter:**

ca. (circa) = ungefähr, rund, etwa

| | |
|---|---|
| durchschnittlich/im Durchschnitt: | *Jeder Deutsche isst durchschnittlich 25 kg Fleisch pro Jahr.* |

## Zusammenstellung der wichtigsten Ausdrücke:

**e Zunahme/r Anstieg**

| | |
|---|---|
| steigen | **ist** gestiegen (von ... auf/um) |
| zunehmen | hat zugenommen (um) |
| sich erhöhen | hat sich erhöht (von ... auf/um) |

**e Abnahme/r Rückgang/e Verringerung**

| | |
|---|---|
| sinken | **ist** gesunken (von ... auf/um) |
| zurückgehen | **ist** zurückgegangen (von ... auf/um) |
| abnehmen | hat abgenommen (um) |
| sich verringern | hat sich verringert (um) |

| | |
|---|---|
| sich verdoppeln | hat sich verdoppelt |
| verdreifachen | hat sich verdreifacht |
| sich vervierfachen | hat sich vervierfacht |
| sich verfünffachen | hat sich verfünffacht ... |

**13** ***Lesen Sie die Formulierungshilfen zur Verbalisierung von Statistiken aufmerksam durch und ergänzen Sie!***

1. Im Sommer ____________ die Temperatur 22 Grad.
2. Der Export ____________ schon seit längerem eine steigende __________ _____, während der Binnenmarkt eher st__________.
3. Die jährlich geleistete Arbeitszeit der Erwerbstätigen hat ________ ______ insgesamt 59,3 Mrd. Stunden 1991 ________ 55,4 Mrd. Stunden 2004 ________. Das entspricht einem __________ von fast 7 Prozent.
4. Im Jahr 2005 __________ die Arbeitslosen_____ in der Bundesrepublik 11 Prozent.
5. Der __________ der Ausländer _____ der Bevölkerung der Bundesrepublik ________ ca. 9 Prozent.
6. Die Geburten_________ in Deutschland sinkt.
7. Die Gesamtzahl der Studierenden an den deutschen Universitäten __________ im Jahr 2004 ca. 2 Millionen.
8. Der __________ der Frauen ____ den Studierenden ________ rund 50 Prozent.
9. In der Reihenfolge der beliebtesten Studienfächer _________ die Betriebswirtschaft _____ ___________ ___________. _____ _________ die Rechtswissenschaften.

*Oder:*

10. In der Reihenfolge der beliebtesten Studienfächer __________ die Betriebswirtschaft ______ ________ ________, _____________ _____ den Rechtswissenschaften.
11. Bei den Studienfächern ist die Betriebswirtschaft der ____________________.
12. Bei den regenerativen Energien erzielte die Bundesrepublik 1998 einen Umsatz von 5 Mrd. Euro, 2003 von 10 Mrd. Euro, d.h., der Umsatz hat ________ ___________.
13. 2003 stieg der ___________ der erneuerbaren Energien _____ der gesamten Stromerzeugung auf rund 8 Prozent.

**14** ***Betrachten Sie die Grafik, lesen Sie den Text, klären Sie den Wortschatz. Beschreiben Sie die Grafik! Wenn Sie Schwierigkeiten haben, können Sie den Lückentext zu Hilfe nehmen!***

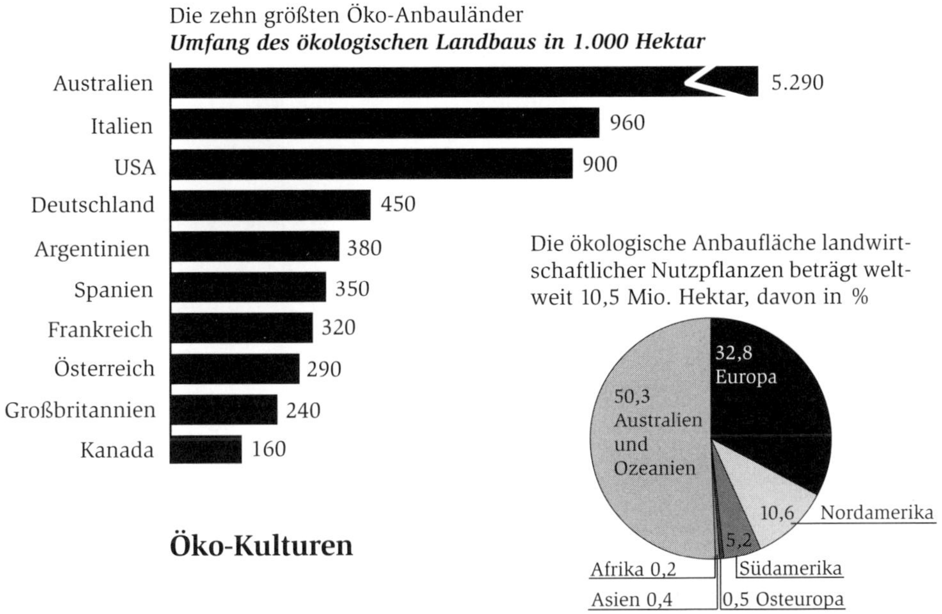


Der Markt für Bioprodukte boomt und erzielt Wachstumsraten, wie sie im Lebensmittelhandel selten vorkommen. Parallel dazu wachsen auch die ökologisch bewirtschafteten landwirtschaftlichen Flächen rasch an. Hier verwenden die Bauern weder chemische Pflanzenschutzmittel noch Chemiedünger. Schätzungen zufolge werden heute weltweit über zehn Millionen Hektar ökologisch bewirtschaftet, davon alleine 5,3 Millionen Hektar in Australien. Auch in Europa und den USA bewirtschaften Biobauern inzwischen größere Flächen, wobei Italien mit 960.000 Hektar herausragt. In den Entwicklungsländern ist Öko-Landwirtschaft nur wenig verbreitet: Dabei haben Studien zufolge Kaffee, Tee, Gewürze oder Tropenfrüchte aus ökologischem Landbau gute Marktchancen in Europa und Nordamerika.

**Quelle: SÖL Stand: August 2000**

**Wortmaterial:** an erster/letzter Stelle stehen – r Anteil – Auskunft geben über *A* – es folgt/ es folgen – es handelt sich um – gehören zu – gering – liegen – Stand

***Lückentext – Bitte setzen Sie ein:***

______________________ eine Statistik von SÖL, ________ August 2000.

Das Schaubild ______________________ den Umfang des ökologischen Landbaus in den zehn größten Öko-Anbauländern und auf den einzelnen Kontinenten.

________________ unter den zehn wichtigsten Öko-Anbauländern steht Australien.

______________________ Italien und die USA. ______________________ steht Kanada.

Von den südamerikanischen Ländern ________________ nur Argentinien ____ den großen Zehn. In Osteuropa, Asien und Afrika ist ________________, er __________ unter einem Prozent.

**15** ***Bitte beschreiben Sie die Grafik! Wenn Sie mit selbständigen Formulierungen Schwierigkeiten haben, füllen Sie den Lückentext aus!***

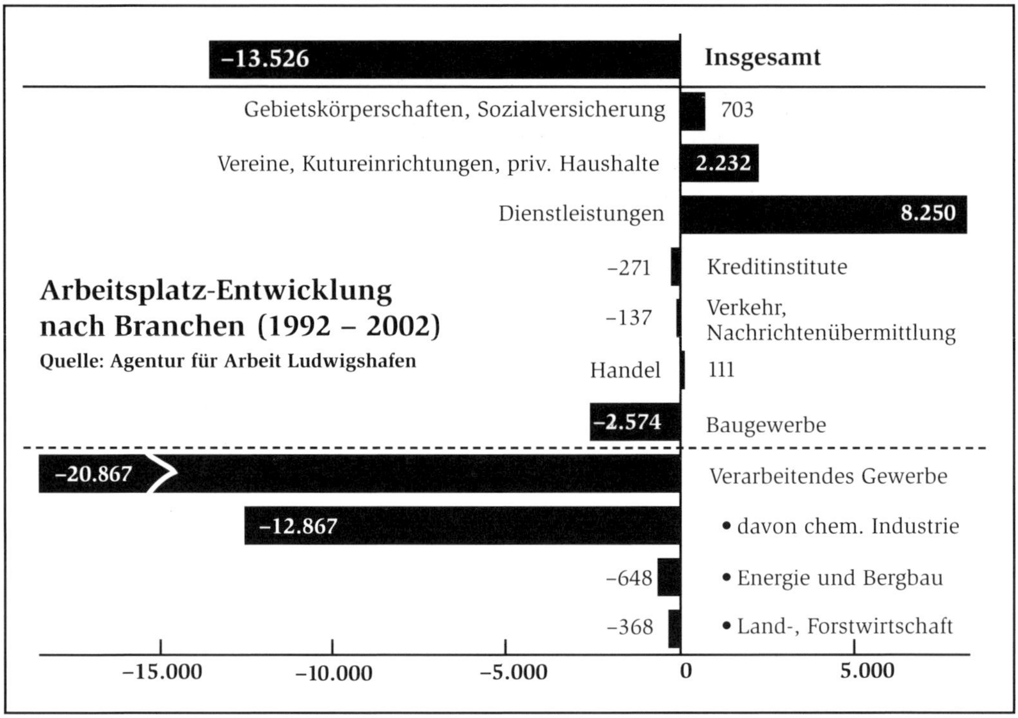


**Wortmaterial:** ablesen – Angaben – Bereich – betragen – betroffen – dabei (zum Ausdruck eines Gegensatzes!) – darstellen – es folgen – feststellen – Plus – Quelle – schaffen – Schwund – Übergang – verzeichnen – Zeitraum – Zunahme

***Lückentext – Bitte setzen Sie ein!***

Die Grafik __________ die Arbeitsplatz-Entwicklung nach Branchen _____ _____ __________ Ende 1992 bis Ende 2002 ________.

________________ ist die Agentur für Arbeit Ludwigshafen.

Insgesamt wird der ____________ von 13.562 Arbeitsplätzen ________________.

_______ gibt es aber durchaus auch ________________, besonders bei den Dienstleistungen: Hier wurden 8.250 neue Arbeitsplätze ____________________. Auch im kulturellen und privaten _______________ ist ein __________ von 2.232 Arbeitsplätzen zu ________________.

Am stärksten ist der ________________ von Arbeitsplätzen im verarbeitenden Gewerbe: Er ________________ 20.867. Davon ist mit 12.542 Arbeitsplätzen besonders die chemische Industrie ________________, ______ ______________ Energie und Bergbau sowie Land- und Forstwirtschaft. Ganz deutlich lässt sich an diesen Zahlen der ______________ von der Industrie- zur Dienstleistungsgesellschaft ________________.

16

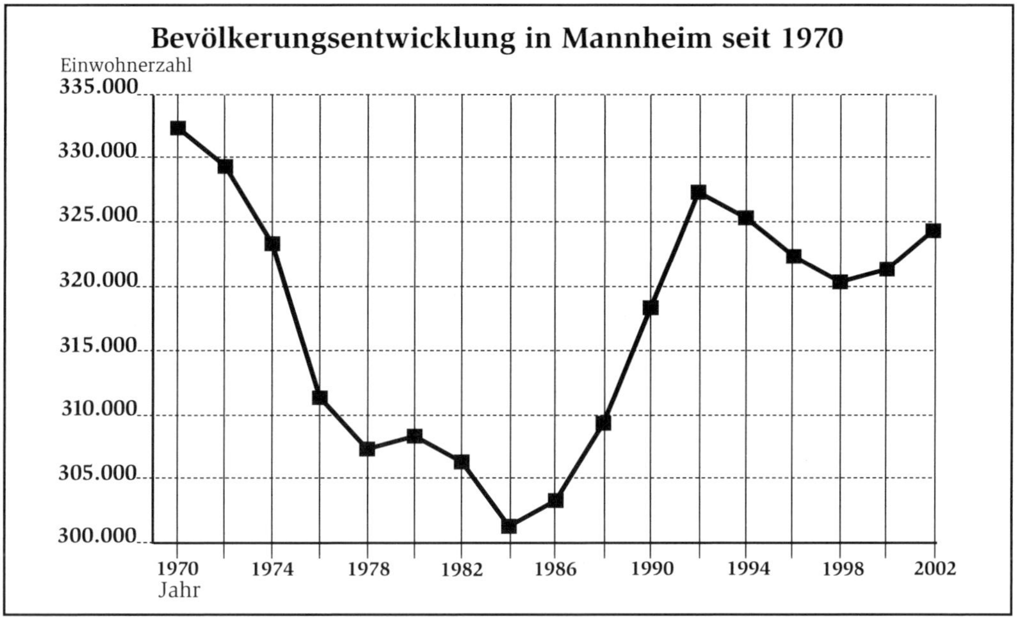


***Üben Sie die Perfektformen der angegebenen Verben und die Präpositionen! Ist das Verb reflexiv? Welche Präpositionen brauchen Sie? Bitte ergänzen Sie:***

1. ____ 1970 ____ 1982 _______ die Einwohnerzahl ____ 332.000 ____ 308.000 __________ (sinken)
2. ____ 1970 ____ 1982 _______ die Einwohnerzahl ____ 332.000 ____ 308.000 ________ (zurückgehen)
3. ____ 1970 ____ 1982 _______ die Einwohnerzahl ____ 24.000 ______________________ (sinken)
4. ____ 1970 ____ 1982 ________ die Einwohnerzahl ____ 24.000 _____________________ (zurückgehen)
5. ____ 1970 ____ 1982 ________ die Einwohnerzahl ____ 24.000 _____________________ (abnehmen)
6. ____ 1970 ____ 1982 ______ ________ die Einwohnerzahl _____ 24.000 _____________ (verringern)
7. ____ 1986 ____ 1992 ________ die Einwohnerzahl ____ 304.000 ____ 326.000 ________ (steigen)
8. _____ 1986 _____ 1992 _____ _________ die Einwohnerzahl _____ 304.000 _____ 326.000 _____________ (erhöhen)
9. ____ 1986 ____ 1992 ______ _______ die Einwohnerzahl _____ 22.000 ______________ (erhöhen)
10. ____ 1986 ____ 1992 ____________ die Einwohnerzahl ______ 22.000 _______________ (zunehmen)
11. ____ 1986 ____ 1992 __________ die Einwohnerzahl _____ 22.000 _________________ (steigen)

**17** ***Bitte ergänzen Sie nach den Beispielen auf S. 25!***

1. ____ 1992 ____ 1998 ________ die Einwohnerzahl ____ 326.000 ____ 320.000 ________
2. ____ 1992 ____ 1998 ________ die Einwohnerzahl ____ 326.000 ____ 320.000 ________
3. ____ 1992 ____ 1998 ________ die Einwohnerzahl ____ 6.000 ______________________
4. ____ 1992 ____ 1998 ________ die Einwohnerzahl ____ 6.000 ______________________
5. ____ 1992 ____ 1998 ________ die Einwohnerzahl ____ 6.000 ______________________
6. ____ 1992 ____ 1998 _____ ______ die Einwohnerzahl ____ 6.000 __________________

7. ____ 1998 ____ 2002 ________ die Einwohnerzahl ____ 320.000 ____ 324.000 ________
8. ____ 1998 ____ 2002 ___ _____ die Einwohnerzahl ____ 320.000 ____ 324.000 _______
9. ____ 1998 ____ 2002 _____ ______ die Einwohnerzahl ____ 4.000 __________________
10. ____ 1998 ____ 2002 ________ die Einwohnerzahl ____ 4.000 ______________________
11. ____ 1998 ____ 2002 ________ die Einwohnerzahl ____ 4.000 ______________________

# IV. Übungen im Bereich *Verb*

## IV.1 Einige Verben und synonyme Ausdrücke, deren Konstruktion häufig Schwierigkeiten bereitet

Wenn ein Ausdruck mit einem Nebensatz (auch erweiterter Infinitiv mit *zu*) verbunden wird, benutzt man das Pronominaladverb *da(r)* + Präposition:
Die wirtschaftliche Entwicklung hat Auswirkungen **darauf**, wie sich der Arbeitsmarkt entwickelt.

### beitragen zu *D*/einen Beitrag leisten zu *D*

„einen Beitrag leisten zu" wird hauptsächlich bei Personen verwendet, ist heute aber auch in anderen Kontexten möglich.

18 ***Bitte bilden Sie Sätze mit „beitragen":***

*Beispiel:*
Der älteste Sohn – Lebensunterhalt der Familie
→ Der älteste Sohn trägt zum Lebensunterhalt der Familie **bei**.
(Der älteste Sohn leistet einen Beitrag zum Lebensunterhalt der Familie.)

1. Kindergeld – Verbesserung des Lebensstandards der Familien

______________________________

2. Sparsame Elektrogeräte – Stromersparnis

______________________________

3. Radiohören – Verbesserung des Hörverständnisses

______________________________

4. Mülltrennung – Umweltschutz

______________________________

5. Filteranlagen – Verringerung der Luftverschmutzung

______________________________

6. Eine ausreichende Versorgung mit Wasser – Verbesserung der Hygiene

______________________________

7. Eine ausreichende Versorgung mit Wasser – die Hygiene zu verbessern

______________________________

8. Ausreichende Aufklärung – Verringerung des Aidsrisikos

______________________________

## sich auswirken auf *A*/Auswirkungen haben auf *A*

**19** ***Bitte bilden Sie Sätze mit „sich auswirken auf/Auswirkungen haben auf“:***

*Beispiel:*
Die finanzielle Lage – der Lebensstandard
→ Die finanzielle Lage wirkt sich auf den Lebensstandard **aus**.
Die finanzielle Lage hat Auswirkungen auf den Lebensstandard.

1. die Konjunkturschwäche – der Arbeitsmarkt

___

___

2. die Berufstätigkeit der Mütter – die Erziehung der Kinder

___

___

3. Korruptionsskandale – die Wahlen

___

___

4. Die lange Kälte – die Preise für Gemüse

___

___

5. Die Klimaveränderungen – Flora und Fauna

___

___

6. Die Globalisierung – die Wirtschaft

___

___

## beeinflussen *A*/einen Einfluss haben auf *A*

Der Bedeutungsunterschied zwischen **sich auswirken** und **beeinflussen** ist gering. **Sich auswirken auf** bedeutet mehr die direkte Folge, **beeinflussen** bedeutet eine gewisse, nicht genau festgelegte Veränderung. Manchmal ist beides möglich, z. B. in den Sätzen 1, 4 und 5 der folgenden Übung.

**20** ***Bitte bilden Sie Sätze mit „beeinflussen“ und „einen Einfluss haben“:***

*Beispiel:*
Die neuen Technologien – die Jugendlichen
→ Die neuen Technologien beeinflussen die Jugendlichen.

1. Das Wetter – die Stimmung

___

___

2. Temperatur und Feuchtigkeit – das Wachstum

___

___

3. Das Klima – die Landwirtschaft

______________________________________________

______________________________________________

4. Alkohol – das Fahrverhalten

______________________________________________

______________________________________________

5. Die Atmosphäre im Elternhaus – das Verhalten der Kinder

______________________________________________

______________________________________________

## sich kümmern um *A*

(eher Umgangssprache, weniger im universitären Kontext)

**21** ***Bitte bilden Sie Sätze!***

*Beispiel:*
die Mutter – die Kinder
→ Die Mutter kümmert sich um die Kinder.

1. Die Frauen – die Pflege der Alten

______________________________________________

2. Der Student – die Verlängerung seines Visums

______________________________________________

3. Die Köchin – die Zubereitung des Essens

______________________________________________

4. Die Stadt – ein gutes Image (*mit Modalverb!*)

______________________________________________

5. Die Arbeitnehmer – ihre Altersvorsorge (*mit Modalverb!*)

______________________________________________

## teilnehmen an *D*

**22** ***Bitte bilden Sie Sätze!***

*Beispiel:*
der Student – das Seminar
→ Der Student nimmt an dem Seminar **teil**.

1. Die Kinder – der Unterricht

______________________________________________

2. Die Studenten – der Ausflug

______________________________________________

3. Die Hausfrau – der Kochkurs

______________________________________________

4. Der Professor – die Tagung

   ______________________________________________

5. Die Schönheitskönigin – der Ball

   ______________________________________________

## sich beteiligen an *D*

Unterschied **teilnehmen an** – **sich beteiligen an**: **teilnehmen** bedeutet nur die physische Anwesenheit, **sich beteiligen** bedeutet, dass der Teilnehmer aktiv mitwirkt.

**23** ***Bitte bilden Sie Sätze!***

*Beispiel:*
der Student – die Diskussion
→ Der Student beteiligt sich an der Diskussion.

1. Viele Bürger – die Hilfsaktion

   ______________________________________________

2. Alle Schüler – das Projekt

   ______________________________________________

3. Alle Bürger – die ausländischen Mitbürger in die Gesellschaft zu integrieren (*mit Modalverb!*)

   ______________________________________________

Verwenden Sie im folgenden Satz sowohl *teilnehmen* als auch *sich beteiligen*:

4. An dem Seminar – 20 Studierende – aber nur 3 aktiv

   ______________________________________________

## IV.2 Einige Verben, deren Bedeutung oft Schwierigkeiten bereitet

(Feste Verbindungen und Verbindungen mit Präposition sind durch Fettdruck hervorgehoben.)

| | |
|---|---|
| beherrschen | Es reicht nicht aus, nur die Regeln zu beherrschen. |
| besiedeln | Das Gebiet an Euphrat und Tigris wurde schon früh besiedelt. |
| bewältigen | Bis zum Abschluss des Studiums waren viele **Schwierigkeiten** zu **bewältigen**. |
| nachholen | Erwachsene können in Abendkursen das Abitur nachholen. |
| schonen | Wir müssen die knappen Ressourcen schonen (nicht zu stark nutzen). |
| stilllegen | Im Laufe der kommenden 30 Jahre sollen alle deutschen Atomkraftwerke stillgelegt werden (Sie sollen nicht mehr in Betrieb sein). |
| überholen | Die EU hat sich vorgenommen, die USA wirtschaftlich zu überholen (besser zu werden als die USA). |
| überwinden | Auf dem Weg zu einer wirklichen Weltmacht hat die EU noch viele **Hürden** zu **überwinden**. |
| verknüpfen | (schriftsprachliches Synonym für verbinden): Um sich besser zu erinnern, muss man versuchen, verschiedene Wörter **mit**einander zu verknüpfen. |
| vermeiden | Manche Fehler lassen sich nicht vermeiden, sie sind unvermeidbar/unvermeidlich. |
| vermitteln | Die Agentur für Arbeit vermittelt Arbeitsplätze. |
| verschwenden | Wir können es uns heute nicht leisten, Energie zu verschwenden (unnötig viel Energie zu verbrauchen). |
| verwirklichen | Es kostete viel Geld und Mühe, die Pläne zu verwirklichen (Synonym: realisieren). |
| züchten | Mit Hilfe der Gentechnologie gelang es, Pflanzensorten zu züchten, die gegen Schädlinge resistent sind. |

**24** ***Setzen Sie die aufgeführten Verben in die folgenden Sätze ein:***

1. Durch rechtzeitige Untersuchungen hätte man eine Operation ______________ können.
2. In den USA werden Krokodile ________________, damit ihre Haut zur Herstellung von Taschen u. Ä. zur Verfügung steht.
3. Die Hochtäler der Alpen wurden schon vor mehr als tausend Jahren ______________.
4. In Deutschland ist die Gleichberechtigung immer noch nicht völlig ______________.
5. In vielen Berufen ist es selbstverständlich, dass man eine Fremdsprache ____________.
6. Unwissenheit ist eine Barriere, die __________________ werden muss.
7. Wasser ist knapp, wir dürfen es nicht __________________________.
8. Mit Hilfe der Grammatik können einzelne Wörter sinnvoll miteinander ______________ werden.
9. Es gelang, die schwierige Aufgabe in kurzer Zeit zu ______________________________.
10. Auf dem Gebiet der Robotik hat Japan alle anderen Staaten ______________________.
11. Man muss die Natur __________________, damit uns möglichst lange eine lebenswerte Umwelt garantiert bleibt.
12. In Ostdeutschland wurden fast alle Braunkohlebergwerke ________________________.

13. Die ostdeutsche Wirtschaft war jahrzehntelang vom internationalen Wettbewerb abgeschnitten. Jetzt muss sie vieles ________________________.
14. Es ist eine Aufgabe der Schule, Wissen zu ________________________.

## IV.3 Von Adjektiven abgeleitete Verben

alt – anders* – arm – gut – billig – breit* – deutlich – dunkel – dünn – einfach – gering* – groß – hoch* – klein – kurz – lang – leicht – möglich – müde – neu – öffentlich – schlecht – schwer – tief – warm – weit

Wenn man aus diesen Adjektiven (bzw. aus ihren Komparativformen) Verben bildet, ergeben sich vier Gruppen:

**er**möglich**en** **er**leicht**ern** **ver**alt**en** **ver**größ**ern**

▶ **Einige Komparativformen haben einen Umlaut!**

25 ***Bilden Sie die Verben und ordnen Sie sie den vier Gruppen zu!***

| **er**möglich**en** | **er**leicht**ern** | **ver**alt**en** | **ver**größ**ern** |
|---|---|---|---|
| | | | |
| | | | |
| | | | |
| | | | |
| | | | |
| | | | |
| | | | |
| | | | |
| | | | |
| | | | |

* Bei *anders*, *gering* und *hoch* werden die Adjektivformen verändert.

Zu *breit* gibt es zwei Verben mit unterschiedlicher Bedeutung:
- Eine Nachricht wird (von den Medien) **verbreitet**.
- Die Straße wurde **verbreitert**.

**26** ***Bilden Sie Sätze im Perfekt und verwenden Sie dabei die Adjektive „besser", „schlechter" „kürzer" usw. bzw. die dazugehörigen Verben:***

1. Die Lebensbedingungen der Fische werden wieder besser.
   Perfekt: ______________________________
   Schreiben Sie den Perfekt-Satz jetzt mit dem von *besser* abgeleiteten Verb:
   ______________________________
2. Die Situation auf dem Arbeitsmarkt wird wieder besser.
   Perfekt: ______________________________
   Schreiben Sie den Perfekt-Satz jetzt mit dem von *besser* abgeleiteten Verb:
   ______________________________
   Und jetzt das Gegenteil: Die Situation auf dem Arbeitsmarkt wird wieder schlechter.
   Perfekt: ______________________________
   Schreiben Sie den Perfekt-Satz mit dem von *schlechter* abgeleiteten Verb:
   ______________________________
3. Die Wartezeit wird kürzer.
   Perfekt: ______________________________
   Mit dem von *kürzer* abgeleiteten Verb: ______________________________
   Und das Gegenteil (3 Sätze):
   ______________________________
   ______________________________
   ______________________________

## machen – werden:

**27** ***Bitte ergänzen Sie die Verben!***

| **machen** | | | **werden** | | |
|---|---|---|---|---|---|
| größer machen | → | vergrößern | größer werden | → | **sich** vergrößern |
| besser machen | → | verbessern | besser werden | → | **sich** verbessern |
| schlechter machen | → | | schlechter werden | → | |
| kürzer machen | → | | kürzer werden | → | |
| anders machen | → | | anders werden | → | |
| länger machen | → | | länger werden | → | |
| höher machen | → | | höher werden | → | |
| schwerer machen | → | | schwerer werden | → | |
| leichter machen | → | | – | | |

**28** ***Reflexiv oder nicht? Schreiben Sie die Sätze um, benutzen Sie die von den Adjektiven abgeleiteten Verben!***

1. Die Situation ist besser geworden.

   ______________________________________________

2. Die Läden haben ihre Öffnungszeiten länger gemacht.

   ______________________________________________

3. Die Anforderungen an Führungskräfte sind höher geworden.

   ______________________________________________

4. Die Probleme sind größer geworden.

   ______________________________________________

5. Die wachsende Zahl alter Menschen macht die Situation der Sozialkassen schwerer.

   ______________________________________________

6. Durch die wachsende Zahl alter Menschen sind die finanziellen Belastungen für die Sozialkassen höher geworden.

   ______________________________________________

   ______________________________________________

**29** ***Setzen Sie das Verb ein, das von dem genannten Adjektiv abgeleitet ist!***

1. Ich lasse die Fotos ____________. (groß)
2. Man muss das Herstellungsverfahren ____________. (einfach)
3. Mit dem Kopierer kann man die Seite ____________. (klein)
4. Die Untersuchungsergebnisse wurden ____________. (öffentlich)
5. Die Herstellungskosten müssen ____________ werden. (gering)
6. Durch Lesen kann man seine Kenntnisse ____________ und ____________. (weit, tief)
7. Durch Fernsehen und Internet ____________ sich alle Nachrichten unvorstellbar schnell. (breit)
8. Computer ____________ schnell. (alt)
9. Wenn man Folien projizieren will, muss man das Zimmer ____________. (dunkel)
10. Bevor man diese Flüssigkeit einnimmt, muss man sie ____________. (dünn)
11. Die vielen Fachwörter ____________ das Verständnis des Textes. (schwer)
12. Wir brauchen Energiequellen, die sich ____________. (neu)
13. Die Sonnenstrahlen ____________ die Erdoberfläche. (warm)
14. E-Mails ____________ einen schnellen und billigen Austausch von Nachrichten. (möglich)
15. Die Konjunkturlage ____________ sich immer mehr. (schlecht)
16. Bitte versuchen Sie, den Satz zu ____________. (einfach)
17. Die Lebenshaltungskosten ____________ sich langsam, aber stetig. (hoch)
18. Inzwischen hat sich seine Ausdrucksfähigkeit wesentlich ____________. (gut)
19. Ich würde Ihnen das Erlernen der deutschen Sprache gern ____________. (leicht)

20. Bei intensiver Sonneneinstrahlung ____________________ sich das Wasser. (warm)
21. Die Lebensarbeitszeit soll über das 65. Lebensjahr hinaus ________________ werden. (lang)
22. Es gelang ihm nicht, uns seine Absichten zu ____________________. (deutlich)

**30** ***Wie heißen die Verben, die von den folgenden Adjektiven abgeleitet sind?***

gering – groß – hoch – lang – leicht – möglich – neu – schlecht – schnell* – weit:

______________________________________________________________________

______________________________________________________________________

*Hier wird das Verb von dem selten verwendeten Synonym *schleunig* gebildet.

**31** ***Bilden Sie mit den Verben aus Übung 30 Sätze! Ergänzen Sie, wenn nötig, Artikel und Präpositionen! In welchen Sätzen brauchen Sie eine reflexive Form? „Modalverb": Hier müssen Sie ein Modalverb ergänzen!***

1. Dünger – höhere Erträge – Landwirtschaft

______________________________________________________________________

2. Dünger – Erträge – Landwirtschaft

______________________________________________________________________

3. Internet – Kontakte – entfernt – Länder

______________________________________________________________________

4. Entwicklung der Computertechnologie

______________________________________________________________________

5. Man – *Modalverb* – Kenntnisse

______________________________________________________________________

6. Konservierungsmittel – Haltbarkeit der Lebensmittel

______________________________________________________________________

7. Bessere Medikamente – Lebensdauer

______________________________________________________________________

8. Bessere Medikamente – Lebenserwartung

______________________________________________________________________

9. Fortschritte – Technik – Hausarbeit

______________________________________________________________________

10. Fischzucht – bessere Versorgung der Bevölkerung mit Fisch

______________________________________________________________________

11. Arbeitslosigkeit – (Verb im Perfekt)

______________________________________________________________________

12. Studiendauer – (Verb im Perfekt)

______________________________________________________________________

13. Regeln – *Modalverb* – Lernen

______________________________________________________________________

14. Komplizierte Satzstrukturen – Schwierigkeiten

______________________________________________

15. Kenntnis mehrerer Fremdsprachen – Chancen auf dem Arbeitsmarkt

______________________________________________

16. Zu starke Regenfälle – Ernteerträge

______________________________________________

17. Leider – Wirtschaftslage – (Verb im Perfekt)

______________________________________________

18. Rauchen und hoher Alkoholkonsum – Lebenserwartung

______________________________________________

19. Lange Zeit glaubte man, dass – Nervenzellen des Gehirns – nicht (neu)

______________________________________________

20. Erfolge der modernen Medizin – Säuglingssterblichkeit

______________________________________________

21. Die fossilen Brennstoffe – nicht (neu)

______________________________________________

## IV.4 Reflexive Verben

Es gibt im Deutschen nur verhältnismäßig wenige Verben, die **immer** reflexiv sind. Bei den meisten hängt es von der Bedeutung und auch von der Konstruktion (mit Akkusativ, mit Dativ, mit Präposition) ab, ob sie reflexiv benutzt werden oder nicht, z. B.

**(sich) entwickeln**
**sich entwickeln zu**
Die Umweltverschmutzung hat sich zu einem unserer größten Probleme entwickelt.
**entwickeln *A***
Bayer versucht, ein Medikament gegen Alzheimer zu entwickeln.

**(sich) vorstellen**
**sich$_D$ vorstellen *A***
Man kann sich heute nur schwer vorstellen, wie das Leben im Mittelalter wirklich war.
Ich kann mir eine Welt ohne Handys nicht mehr vorstellen.
**sich$_A$ (*D*) vorstellen**
Darf ich mich (Ihnen) vorstellen? Mein Name ist …
**vorstellen *D A***
Darf ich Ihnen meinen Kollegen, Herrn Meyer, vorstellen?

**äußern *A***
Der Betriebsrat äußerte seine Unzufriedenheit über die Vorschläge der Betriebsleitung.
**sich$_A$ äußern zu**
Bitte äußern Sie sich zu den Vorwürfen!

In bestimmten Kontexten ist die reflexive Form nicht möglich, da ein „Täter" vorhanden sein muss (im Aktiv oder auch oft im Passiv):
Das Visum **wird** (von der Ausländerbehörde) **verlängert**/Die Ausländerbehörde **verlängert** das Visum. (reflexiv nicht möglich: Das geschieht nicht „von allein".)
Vgl. auch: Die Tür wird (von jemandem) geöffnet – Die Tür öffnet sich (durch den Wind, wie von Geisterhand ...)

## Eine Auswahl häufiger reflexiver Verben

(sw = schwaches Verb)
Bei den hier aufgeführten Verben steht das Reflexivpronomen normalerweise im Akkusativ, nur bei zwei Verben im Dativ: bei *sich leisten* und bei *sich etwas vorstellen* in der Bedeutung von *sich ein Bild von etwas machen.*
Wenn die reflexive Konstruktion des Verbs häufiger gebraucht wird als die nicht-reflexive, ist das Reflexivpronomen in der folgenden Liste **fett** gedruckt.

**sich abzeichnen** (sw)
Bei den Arbeitslosenzahlen zeichnet sich ein leichter Rückgang ab (kann man einen leichten Rückgang erkennen).

(sich) **ändern** *A* (sw)
Auf dem Gebiet der Telekommunikation hat sich in kurzer Zeit unvorstellbar viel geändert.

**(sich) anstrengen** (sw)
Wir müssen uns mehr anstrengen, wenn wir unser Ziel erreichen wollen.

**(sich) ausdehnen** (sw)
Alexander dehnte sein Reich bis an die Grenzen der damals bekannten Welt aus.
Die Wüsten dehnen sich aus.

**sich auseinandersetzen mit** (sw)
Er hat sich lange mit Problemen der Entwicklungspsychologie auseinandergesetzt (beschäftigt).

**äußern** *A*/**sich äußern zu** (sw)
Über die weitere Entwicklung wurden nur Vermutungen geäußert. – Bitte äußern Sie sich zu den Vorwürfen! (Sagen Sie etwas dazu, nehmen Sie dazu Stellung).

**sich auswirken auf** *A* (sw)
Die zunehmende Erwärmung wirkt sich auf die gesamte Klimaentwicklung aus. (Ü. 19)

**sich befinden in** *D*
Wir befinden uns hier im 30. Stock des Hochhauses.
Die Firma befindet sich zurzeit in einer schwierigen Situation.

**sich begnügen mi**t (sw)
Wir dürfen uns nicht mit Provisorien begnügen, wir müssen endgültige Lösungen anstreben.

**sich bemühen um** (sw)
Wir müssen uns stärker um Verbesserungen im Bildungswesen bemühen.

**sich berufen auf** *A*
Die Botschaften beriefen sich auf Anweisungen aus dem Außenministerium.

**beschäftigen** *A*/**sich beschäftigen mit** (sw) (schriftspr. Synonym: sich **befassen mit** – sw)
Wir beschäftigen in unserem Betrieb rund 1000 Mitarbeiter.
Die Japaner befassen (beschäftigen) sich verstärkt mit Fragen der Robotik.

**(sich) beschleunigen** (sw)
Der Artenschwund hat sich erschreckend beschleunigt.

**beschränken** *A* **auf** *A*/**sich beschränken auf** ***A*** (sw)
Wir müssen die Zahl der Teilnehmer auf 100 beschränken.
Ich beschränke mich darauf, kurz die wichtigsten Punkte zu erläutern.

**beteiligen** *A* **an** *D*/**sich beteiligen an** ***D*** (sw)
Man sollte die Bürger an der Stadtplanung beteiligen.
Alle beteiligten sich an der Vorbereitung des Festes. (Ü. 23)

sich **bewähren** (sw)
Das Verfahren ist ganz neu, es muss sich erst bewähren.

sich **beziehen auf** *A*
Mit meinen Kommentaren beziehe ich mich auf den in der FAZ veröffentlichten Bericht.

sich **distanzieren von** (sw)
Der Minister distanzierte sich ausdrücklich von den Aussagen seines Staatssekretärs (er machte deutlich, dass er diese Aussagen nicht für richtig hält).

(sich) **durchsetzen** *A* (sw)
Er hat seinen Willen durchgesetzt (gegen Widerstände/Hindernisse verwirklicht).
In der Wirtschaft genügt es nicht, Ideen zu haben, man muss sie auch durchsetzen können.
Er versuchte, seine Ideen zu verwirklichen, aber er konnte sich nicht durchsetzen.

sich **eignen zu/für/als** (sw)
Dieses Holz ist weich, es eignet sich gut für Schnitzereien/zum Schnitzen.
Kork eignet sich gut als Isoliermaterial. (Kork = Isoliermaterial)

**einsetzen** *A*/**sich einsetzen/sich engagieren für** (sw)
Das Parlament hat einen Untersuchungsausschuss eingesetzt.
Greenpeace setzt sich für Umweltschutz ein/engagiert sich für Umweltschutz.
(Das nicht reflexive Verb *engagieren* hat eine andere Bedeutung als *einsetzen*: Man engagiert einen Künstler (stellt ihn ein, gibt ihm einen Vertrag).

sich **einstellen auf** *A* (sw)
Nach der Wende mussten sich die ostdeutschen Firmen auf eine völlig veränderte Lage einstellen.

**entscheiden** *A*/**sich entscheiden für**
Das Management muss entscheiden, ob das Projekt realisierbar ist.
Der Personalchef hat sich für den Bewerber mit der größten Berufserfahrung entschieden.

sich **entschließen zu**
Die Parteien haben sich dazu entschlossen, die Unternehmenssteuern zu senken.

**entwickeln** *A*/**sich entwickeln zu** (sw)
Die BASF hat ein neues Pflanzenschutzmittel entwickelt. – Aids hat sich zu einer weltweiten Epidemie entwickelt.

**sich ereignen** (sw)
Infolge von Glatteis ereigneten sich zahlreiche Unfälle.

**sich ergeben aus** (resultieren aus – sw)
Aus den neuesten Arbeitsmarktdaten ergibt sich, dass eine Wende noch nicht in Sicht ist.

(sich) **erhöhen** (sw)
Die Firma will die Zahl der Mitarbeiter erhöhen.
Während des Karnevals erhöht sich die Zahl der Verkehrsunfälle.

**sich erholen** (sw)
Die Wirtschaft in den von dem Erdbeben betroffenen Gebieten erholt sich nur langsam.

**(sich) erinnern an *A*** (sw)
Ich musste ihn an sein Versprechen erinnern.
Der Angeklagte konnte sich nicht an den Tathergang erinnern.

**sich erweisen als**
Die Hoffnung auf einen Rückgang der Arbeitslosenzahlen hat sich als Irrtum erwiesen.

(sich) **fortsetzen** (sw)
Natürlich werden wir unsere Bemühungen um eine Reduzierung der Unfälle fortsetzen.
Auch in den nächsten Tagen wird sich das kalte und feuchte Wetter fortsetzen.

**(sich) gewöhnen an** *A* (sw)
Durch regelmäßiges Füttern kann man Wildtiere an den Menschen gewöhnen.
Es fällt oft schwer, sich in einem fremden Land an die dortigen Verhaltensweisen zu gewöhnen.

**es handelt sich um** (sw)
Es handelt sich hier um ein Experiment aus dem Gebiet der Verhaltenspsychologie.
(Ü. 6, 7)

sich **hüten vor** *D* (sw)
Man muss sich vor voreiligen Schlussfolgerungen hüten.

**sich irren** (**in** *D*) (sw)
Die Regierung hat sich in vielen Punkten geirrt.

**(sich) konzentrieren** (**auf** *A*) (sw)
Die Firma konzentriert ihre Anstrengungen auf den Erhalt der Arbeitsplätze.
Viele Kinder haben in der Schule Schwierigkeiten, sich zu konzentrieren.

**sich kümmern um** (sw)
Vor einer Auslandsreise muss man sich um viele Einzelheiten kümmern.

**leisten** *A*/**sich**$_D$ **leisten *A*** (sw)
Ich kann **mir** jetzt keinen Fehler leisten. (Ich darf jetzt keinen Fehler machen, das würde mir schaden.)

**sich lohnen** (sw)
Investitionen müssen sich lohnen (müssen Gewinn bringen).

**(sich) orientieren an *D*** (sw)
Die Produktion muss sich an dem Bedarf orientieren (muss sich nach dem Bedarf richten).

**sich richten gegen** (sw)
Die Demonstrationen richteten sich gegen die Arbeitsmarktpolitik der Regierung.

**sich richten nach** (sw)
Die Produktion muss sich nach dem Bedarf richten.

**sich scheuen vor *D*** (sw)
Manche Menschen scheuen sich davor, Sozialhilfe in Anspruch zu nehmen.

**sich sehnen nach** (sw)
Viele alte Menschen sehnen sich nach gesellschaftlichen Kontakten.

(sich) **stabilisieren** (sw)
Die Ärzte konnten das Herz-Kreislauf-System wieder stabilisieren.
Der Kurs des Euro hat sich stabilisiert.

(sich) **verbessern** (sw)
Die offenen Gespräche haben das Arbeitsklima verbessert.
Die Situation der Wirtschaft hat sich leicht verbessert.

(sich) **vergrößern** (sw)
In Deutschland hat sich der Abstand zwischen Reich und Arm wieder vergrößert.

**sich verhalten**
Das Merkblatt erläutert, wie man sich in einem Notfall verhalten soll.

(sich) **verlängern** (sw)
Das Ausländermeldeamt hat sein Visum nicht verlängert.
Das neue Modell ist sehr gefragt: Die Wartezeiten haben sich verlängert.

**sich verlassen auf *A***
Man sollte sich nicht zu sehr auf Statistiken verlassen.

**(sich) verpflichten zu** (sw)
Die Firma verpflichtet ihre Mitarbeiter zur Geheimhaltung aller internen Vorgänge.
Der Arbeitnehmer muss sich zur Einhaltung der Sicherheitsvorschriften verpflichten.

**(sich) verschärfen** (sw)
Die Attentate haben die politische Lage verschärft.
Durch die neuen Attentate hat sich die politische Lage wieder verschärft.

**(sich) verschlechtern** (sw)
Durch die neuen Bestimmungen zum Arbeitslosengeld hat sich die Lage vieler Arbeitsloser verschlechtert.

**verschließen** *A*/**sich verschließen *D***
Man muss das Glas mit einem Schraubdeckel verschließen.
Die Industrie kann sich den Forderungen nach einem sozialeren Verhalten nicht auf Dauer verschließen.

**sich verspäten** (sw)
Der Zug hatte sich verspätet.

**vorbereiten** *A*/**sich vorbereiten auf *A*** (sw)
Ein Referat muss man vorbereiten.
Auf ein Referat muss man sich vorbereiten.

**vorstellen** *A (D)* /**sich**$_D$ **vorstellen** (sw)
Ich möchte Ihnen meinen Kollegen vorstellen. Ich habe mich (Ihnen) noch nicht vorgestellt.
Ich kann **mir** eine Welt ohne Handys nicht vorstellen.

**sich wandeln** (sw)/(sich) **verändern** (sw)
Die Situation auf dem Arbeitsmarkt hat sich gewandelt/hat sich verändert.

**sich wehren (gegen)** (sw)
Die Ärzte wehren sich gegen Einschränkungen ihrer Handlungsfreiheit.

**sich weigern** (sw)
Heute können sich Arbeitslose nicht mehr weigern, eine Stelle anzunehmen, für die sie überqualifiziert sind.

Zu *erhöhen, verbessern, vergrößern, verlängern, verschlechtern* s. Ü. 25 bis 30.

**32** ***Setzen Sie das Reflexivpronomen an der richtigen Stelle ein und ergänzen Sie gegebenenfalls auch eine Präposition bzw. ein Pronominaladverb („da(r)-" + Präposition).***

sich abzeichnen – sich begnügen mit – sich berufen auf – sich bewähren – sich distanzieren von – sich einstellen auf – sich ergeben aus – sich hüten vor – sich irren – sich scheuen – sich verlassen auf – sich wehren gegen

1. _______ Umfragen hat __________ ___________________, dass die Deutschen dem Euro skeptisch gegenüberstehen.
2. Aber _______ solche Umfragen kann man _________ nicht unbedingt ________________
3. Die Ministerpräsidentin _______________ __________ ______ den Vorwurf, sie habe einen unbegründeten Verdacht geäußert.
4. Bei den Hochrechnungen ________________ __________ große Zugewinne der Opposition _______.
5. Ein Politiker darf ________ nicht ______________, auch unbequeme Wahrheiten auszusprechen.
6. Die Gewerkschaften wollten ___________ nicht ________ der bloßen Arbeitsplatzsicherung __________________.
7. Auch ein Experte kann ___________ ___________.
8. Der Wissenschaftler konnte _________ mit seiner Theorie ________ eine bekannte Autorität _________________
9. Wir sollten ________ ____________ _______________, vorgefertigte Meinungen unreflektiert zu übernehmen.
10. Was __________ lange _________________ hat, wird nicht so leicht aufgegeben.
11. ____ rechtsextremen Äußerungen kann man ______ nicht deutlich genug __________.
12. Die Gewerkschaften haben _____ ____ einen langen Arbeitskampf _______________.

**33** ***Bitte bilden Sie Sätze! Ist das Verb reflexiv? Braucht es eine Präposition? Ergänzen Sie auch Artikel usw.***

*Beispiel:*

Er – müssen – anstrengen – Ziel – erreichen

→ Er muss **sich** anstrengen, **um das** Ziel **zu** erreichen.

1. Die Regierungschefs – entscheiden – Bau eines Eisenbahntunnels (*Perfekt*)

   ______________________________________________________________

2. Es ist schwierig – immer richtig verhalten

   ______________________________________________________________

3. Die Klimaveränderungen – auswirken – Flora und Fauna

   ______________________________________________________________

4. Wir – bemühen – unsere Kenntnisse vertiefen

   ______________________________________________________________

5. Zurzeit – beschäftigen – er – Fragen der künstlichen Intelligenz

   ______________________________________________________________

6. Mehrere Staaten – beteiligen – Entwicklungshilfeprojekt

______________________________________________

7. Südkorea – entwickeln – Industrieland (*Perfekt*)

______________________________________________

8. Das Pharmaunternehmen Bayer – entwickeln – neues Medikament

______________________________________________

9. Im Sommer – erhöhen – Ozongehalt der Luft

______________________________________________

10. Manche Politiker – können – schlecht erinnern – Vergangenes

______________________________________________

11. Wir – müssen – gewöhnen – veränderte Arbeitswelt

______________________________________________

12. Seine Kritik – richten – Korruption in der Politik

______________________________________________

13. Die Arbeitslosigkeit – verringern (*Perfekt*)

______________________________________________

14. Der Wirtschaftsaufschwung – verringern – Arbeitslosigkeit

______________________________________________

15. Er – vorbereiten – sein Referat – gut

______________________________________________

16. Manche zweifeln: Studium – lohnen?

______________________________________________

**34** ***Bitte verbalisieren Sie, bilden Sie Sätze! Manchmal muss der Satz im Aktiv, manchmal im Passiv stehen. Einige Verben sind reflexiv.***

*Beispiel:*
Die Anstrengungen der Lehrkräfte
→ Die Lehrkräfte strengen/strengten sich an.
(Oft sollten Sie sinnvollerweise die Vergangenheit benutzen).

1. Die Auswirkungen der Luftverschmutzung auf die Umwelt

______________________________________________

2. Die Vereinfachung des Textes

______________________________________________

3. Die Orientierung der Unternehmer an den Bedürfnissen der Arbeitnehmer

______________________________________________

4. Die Konzentration des Verfassers auf das Wesentliche

______________________________________________

5. Die Verschärfung der politischen Lage

6. Die Warnung der Verkehrsteilnehmer vor Schnee- und Eisglätte

7. Der Zusammenbruch der Firma

8. Die Vorbereitung des Kandidaten auf das Examen

9. Die Verlängerung des Visums

10. Die Zustimmung der Opposition zu den Plänen der Regierung (zustimmen *D*)

11. Die Orientierung der Unternehmen an der Entwicklung der Wirtschaft

12. Der Entschluss des Kanzlers, Reformen durchzuführen

13. Die Schließung der Zweigstelle

14. Die Bemühungen des Geheimdienstmannes um die Freilassung der Geisel

15. Die Entwicklung neuer Produktionsmethoden

16. Die Gefährdung der Bevölkerung durch Selbstmordattentäter

17. Die Erholung des Euro-Kurses

18. Das Nachlassen der Niederschläge

19. Die Entlastung des Angeklagten durch einen der Zeugen

20. Der Einsatz der Organisation für die Menschenrechte

21. Die Erinnerung der Alten an ihre Kindheit

22. Die Eignung des Bewerbers für Führungspositionen

23. Das Festhalten eines großen Teiles der Bevölkerung an der traditionellen Denkweise

24. Die Fortsetzung des Raubbaus an den natürlichen Ressourcen

_______________________________________________

25. Der Zweifel an dem Ergebnis der Untersuchungen (*Man* ...)

_______________________________________________

26. Die Entscheidung des Finanzministers, die UMTS-Rechte zu verkaufen

_______________________________________________

**35** ***Bitte verbalisieren Sie, bilden Sie Sätze wie in Übung 34! Sollte der Satz in einer Form der Vergangenheit stehen?***

*Beispiele:*
Die Besprechung der Übung → Die Übung wird besprochen.
Die Beteiligung Deutschlands an der Hilfe für die Tsunami-Opfer
→ Deutschland beteiligt**e** sich an der Hilfe für die Tsunami-Opfer.

1. Die Erhöhung der Rezeptgebühren

_______________________________________________

2. Die Änderung des Klimas durch die Trockenlegung des Sees

_______________________________________________

3. Die Entscheidung des Personalchefs für den zweiten Bewerber

_______________________________________________

4. Die Verbesserung der hygienischen Bedingungen

_______________________________________________

5. Die Bemühungen um eine Hochschulreform (*Man* ...)

_______________________________________________

6. Die Umstellung der Studentenförderung auf Darlehen

_______________________________________________

7. Der Anstieg der Arbeitslosenzahlen

_______________________________________________

8. Die Erforschung der Antarktis

_______________________________________________

9. Die Beschränkung des Autors auf das Wesentliche

_______________________________________________

10. Die Erfüllung aller Wünsche

_______________________________________________

11. Der Beginn einer neuen Ära

_______________________________________________

12. Die Beteiligung Deutschlands an Hilfsaktionen für Tschechien

_______________________________________________

13. Seine Eignung für diese Tätigkeit

_______________________________________________

14. Die Ernennung von Professor Dietz zum Dekan der Fakultät

___

15. Die Beteiligung der Versicherten an den Kosten für einen Krankenhausaufenthalt

16. Der Entschluss der Regierungen zum Bau des Tunnels

17. Seine langsame Gewöhnung an das andere Klima

18. Heftige Reaktionen der Presse auf die Einschränkung der freien Meinungsäußerung

19. Die Sehnsucht nach Frieden (*Wir ...*)

20. Die Ablehnung seines Antrags auf Steuerermäßigung

21. Die Ausbeutung der Erdölvorkommen

22. Die Beschleunigung der Inflation

23. Die Vergrößerung des Haushaltsdefizits

24. Sein falsches Verhalten

25. Das verspätete Erscheinen des schon lange angekündigten Buches

26. Die Verlängerung der Verkehrswege

**36** ***Bitte bilden Sie Sätze im Perfekt!***

1. Das Sinken des Wasserstandes

2. Die Verschlechterung seines Gesundheitszustands

3. Die Verspätung der Hilfsaktionen

4. Der zufriedenstellende Verlauf der Operation

5. Seine Weigerung, den Befehl auszuführen

6. Der Wandel in der Arbeitsmoral der Bürger (*Die Arbeitsmoral …*)

7. Der Wiederaufbau der zerstörten Stadt

8. Die Stabilisierung der Wirtschaft

9. Das Wachstum der Elendsviertel

**37** ***Bitte bilden Sie Sätze! Ergänzen Sie Artikel, Präpositionen, Reflexivpronomen, Adjektivendungen. Manchmal brauchen Sie auch eine Genitiv- oder Infinitivkonstruktion. Benutzen Sie Modalverben, wenn ein Modalverb gefordert wird!***

1. Regierung – *Modalverb* – kümmern – mehr – Belange – Normalbürger

2. Aber auch – Bürger – *Modalverb* – beteiligen – politisch__ Leben

3. Wir alle – *Modalverb* – beitragen – Verbesserung – unser__ Situation

4. Man – *Modalverb* – orientieren – Vorgehen – erfolgreich__ europäisch__ Länder

5. Aber – was – ein Land – richtig, nicht gelten – alle Länder

6. Misserfolge – *Modalverb* – nicht immer – vermeiden (*Passiv*)

7. Vor allem – *Modalverb* – Erziehung und Bildung – investieren

8. Man – *Modalverb* – konzentrieren, Ungerechtigkeiten – vermeiden

9. Es – nicht genügen, öffentlich__ Maßnahmen – durchführen

10. Bürger – *Modalverb* – Eigeninitiative – entwickeln – und – öffentlich__ Wohl – engagieren

11. Eigeninitiative – Bürger – *Modalverb* – nichts – ersetzen (*Passiv*)

12. Aber – Risiken – unser__ Risikogesellschaft – *Modalverb* – senken (*Passiv*)

## IV.5 Grund – Folge, Ursache – Wirkung

Wir unterscheiden zwei verschiedene Konstruktionsformen:
I. Erst wird der Grund bzw. die Ursache genannt, dann die Folge bzw. die Wirkung.
II. Erst wird die Folge genannt, dann der Grund.

### *I. Erst Grund/Ursache, dann Folge/Wirkung*

**Grund → Folge**

| | |
|---|---|
| (1) Steigende Löhne | **führen zu** steigenden Preisen. |
| (2) Steigende Löhne | führen dazu, dass die Preise steigen. |
| (3) Steigende Löhne | **haben** steigende Preise **zur Folge**. |
| (4) Steigende Löhne | haben zur Folge, dass die Preise steigen. |
| (5) Die Löhne steigen. | **Aus diesem Grund** steigen auch die Preise. |
| (6) Die Löhne steigen. | **Die Folge davon ist, dass** auch die Preise steigen. |
| (7) Die Löhne steigen. | **Deshalb/darum/deswegen/infolgedessen/folglich/also** steigen auch die Preise. |
| (8) Die Löhne steigen. | **Daraus folgt, dass** auch die Preise steigen |
| (9) Die Löhne steigen. | **Daraus ergibt sich, dass** auch die Preise steigen. |

**Ursache → Wirkung (direkt)**

(10) Reibung **verursacht** Wärme.
Sein Tod wurde durch die Überdosis eines Schlafmittels verursacht.
(Aber: Jahrelanger Medikamentenmissbrauch führte schließlich zu seinem Tod.)
Das Ausströmen giftiger Gase verursachte den Tod von 10 Bergleuten.

Viele Verben sind in bestimmten Kontexten synonym, in anderen nicht:
So kann man sehr oft *führen zu* und *verursachen* synonym verwenden, aber man kann z. B. nicht sagen: Reibung führt zu Wärme. Hier muss man mit *verursachen* die direkte Wirkung ausdrücken.

*Einige Beispiele:*
Traumentzug kann zu Halluzinationen führen.
(11) Durch Traumentzug kann **es zu** Halluzinationen **kommen**.*
(12) Traumentzug kann Halluzinationen **bewirken**.
Traumentzug kann Halluzinationen **verursachen**.
(13) Traumentzug kann Halluzinationen **hervorrufen**.**
(14) Traumentzug kann Halluzinationen **entstehen lassen**.
(15) Die Einführung des Euro **war verantwortlich für** vielfache Preiserhöhungen.
(Bedeutung oft negativ)

* Bitte verwechseln Sie nicht *es kommt zu* mit *hinzu kommt, dass ...*:
Die Hochschulen klagen darüber, dass sie vom Staat nicht ausreichend gefördert werden. *Hinzu kommt, dass* der Staat auch die Studenten finanziell immer weniger unterstützt. (Ungefähre Bedeutung: *Außerdem* unterstützt der Staat die Studenten finanziell immer weniger.)

** *hervorrufen* bildet mit verschiedenen Nomen feste Verbindungen. Begeisterung/Betroffenheit/Empörung/Entsetzen/Erstaunen hervorrufen: Das Verhalten des Konzernchefs rief Empörung hervor. *Aber auch:* Blütenpollen rufen bei vielen Menschen Allergien hervor. Sein Stottern rief Gelächter hervor.

Oft ist die kausale Bedeutung nur verhältnismäßig schwach. Die folgenden Verben können deshalb nicht als Synonyme für die oben genannten verwendet werden. Das gilt besonders für ***beitragen*** und ***beeinflussen***. (Die genannte Ursache, z. B. bei (19) der Temperaturanstieg, ist nur ein Faktor unter mehreren.)

(16) Die wirtschaftliche Situation **wirkt sich auf** den Arbeitsmarkt **aus**.
(17) Die wirtschaftliche Situation hat Auswirkungen auf den Arbeitsmarkt.
(18) Eine Wirtschaftskrise **bringt** meistens auch politische Probleme **mit sich**.
(19) Der Temperaturanstieg **trägt zu**m Klimawandel **bei**.
(20) Durch Werbung versucht man, das Verhalten der Verbraucher zu **beeinflussen**.
(s. Ü. 20)

***II. Erst die Folge, dann der Grund***

(21) Die Preise steigen. **Das ist die Folge von** steigenden Löhnen.
(22) Die Preise steigen. **Das hat seinen Grund/seine Ursache in** den steigenden Löhnen.
(23) Die Preise steigen. **Das ist bedingt durch** die steigenden Löhne.
(24) Die Preise steigen. **Das liegt an** den steigenden Löhnen.
(25) Die Preise steigen. (*Umgangssprache:* **Das kommt von** den steigenden Löhnen).
(26) Die Preise steigen. Das kann **auf** die steigenden Löhne **zurückgeführt** werden.
(27) Die Preise steigen. Das ist auf die steigenden Löhne **zurückzuführen**.

Die folgende Übung soll zum einen dazu dienen, die sprachlichen Formen einzuüben, zum anderen zeigen, welche Ausdrücke üblicherweise verwendet werden.

38 ***Bilden Sie Sätze nach den obigen Beispielen! Die Zahlen in Klammern geben an, welche Formulierungen Sie verwenden sollen (Beispiele 1 bis 27 auf den Seiten 47 und 48).***

1. Steigender Konsum – Belebung der Wirtschaft (1 – 12, 18 – 19, 21 – 24, 26 – 27)
   (20 Sätze)
2. Inflation – Verarmung der Bevölkerung (1 – 4, 10 – 12, 15, 19, 21 – 24, 26 – 27)
   (15 Sätze)
3. Ausbleiben der gewohnten Regenfälle – Dürrekatastrophe (1, 3, 10, 11)
   (4 Sätze)
4. Massenkarambolage im Nebel – Sperrung der Autobahn (1 – 3)
   (3 Sätze)
5. Intensives Training – bessere Leistungen im Sport (1, 2, 27)
   (3 Sätze)
6. Verbesserung der medizinischen Versorgung – Verringerung der Kindersterblichkeit
   (1, 3, 6, 12, 22, 26, 27)
   (7 Sätze)
7. Manche Schlangengifte – Lähmung des Nervensystems (10 – 12)
   (3 Sätze)

**39** ***Ordnen Sie richtig zu und bilden Sie Sätze mit „führen zu"! Ein Modalverb brauchen Sie nicht immer: entscheiden Sie!***

*Beispiel:*
Ozonloch über Europa – Hautkrebs
Das Ozonloch über Europa kann Hautkrebs verursachen.
Das Ozonloch über Europa kann **zu** Hautkrebs **führen**.

| | |
|---|---|
| 1. Zu viel Zucker | a) Entlassungen |
| 2. Fette Kost | b) Vitaminverlust |
| 3. Zu lange Lagerung von Lebensmitteln | c) Karies |
| 4. Mangel an Vitamin C | d) Übergewicht |
| 5. Starke Regenfälle | e) Schlaf- und Appetitlosigkeit |
| 6. Nervosität | f) Erosion |
| 7. Abholzung der Wälder | g) Überschwemmungen |
| 8. Die Wirtschaftskrise | h) eine Krankheit, die man Skorbut nennt und bei der z. B. das Zahnfleisch blutet |

1. ______________________________
2. ______________________________
3. ______________________________
4. ______________________________
5. ______________________________
6. ______________________________
7. ______________________________
8. ______________________________

**40** ***Ordnen Sie zu und bilden Sie vollständige Sätze. Brauchen Sie Modalverben? Bei einigen Beispielen kann man die Folge auch verbal ausdrücken!***

*Beispiel:*
steigende Löhne → steigende Preise
Steigende Löhne führen zu steigenden Preisen.
Steigende Löhne führen **dazu, dass** die Preise steigen.
Steigende Löhne verursachen steigende Preise.
Steigende Löhne haben steigende Preise **zur Folge**.
Steigende Löhne haben **zur Folge, dass** die Preise steigen.

| | |
|---|---|
| 1. Schlechte Isolierung | a) Organschäden |
| 2. Starker Alkoholkonsum | b) Verlust von Arbeitsplätzen |
| 3. Drogenabhängigkeit | c) Energieverluste |
| 4. Verschmutzung der Meere | d) Vergrößerung des Ozonlochs |
| 5. Freisetzung von Fluorchlorkohlenwasserstoffen | e) übermäßige Algenbildung und Fischsterben |
| 6. Automatisierung | f) Kriminalität |

1. __________
2. __________
3. __________
4. __________
5. __________
6. __________

**41** ***Bitte bilden Sie Sätze mit „zurückzuführen"! Beachten Sie, dass vor einem Nebensatz das Präpositionalpronomen „darauf" stehen muss!***

*Beispiel:*
Arbeitslosigkeit – Wirtschaftskrise
(Die Arbeitslosigkeit ist eine Folge der Wirtschaftskrise.)
Die Arbeitslosigkeit wird auf die Wirtschaftskrise zurückgeführt/kann auf die Wirtschaftskrise zurückgeführt werden.
Die Arbeitslosigkeit **ist** auf die Wirtschaftskrise **zurückzuführen.**

1. Hungersnot – Missernten

2. Missernten – Überschwemmungen

3. Überschwemmungen – Abholzen der Wälder

4. Missbildungen – radioaktive Strahlung

5. Wohlstand – Wirtschaftswachstum

6. Unfall – zu hohe Geschwindigkeit

7. Absturz des Computers – Stromausfall

8. Viele Erkrankungen in Armutsgebieten – verschmutztes Trinkwasser

9. Viele Missverständnisse auf internationalen Konferenzen – Übersetzungsfehler

10. Manche Höchstleistungen bei den Olympischen Spielen – Doping

11. Die Schwierigkeiten bei der Wasserversorgung – Regenmangel

12. Die Straßenschäden – der kalte Winter

13. Die großen Leistungen der Sportler – verbesserte Trainingsmethoden

______________________________________________

14. Seine Lungenerkrankung – jahrelanges Rauchen

______________________________________________

15. Der Einsturz vieler Häuser bei dem Erdbeben – schlechte Bauqualität

______________________________________________

16. Der Flugzeugabsturz – menschliches Versagen

______________________________________________

17. Nicht alle Erfolge – Fleiß

______________________________________________

18. Der plötzliche Angriff des Elefanten – er ist erschreckt worden

______________________________________________

## IV.6 Exkurs: Präteritumformen

***Wie heißt der Infinitiv des Verbs? Decken Sie die rechte Spalte ab! Lesen Sie die Sätze laut, damit Sie in einem Hörtest die Formen wiedererkennen und sie identifizieren können!***
**Achten Sie darauf: „*ä*" hört sich fast wie „*e*" an!**

| | |
|---|---|
| Die Firma entließ 1000 Arbeiter. | entlassen |
| Der Unterricht begann später. | beginnen |
| Man bot mir eine Stelle an. | anbieten |
| Ich bat um Hilfe. | bitten |
| Er schlug seine Frau. | schlagen |
| Er schien krank zu sein. | scheinen |
| Der Arzt empfahl das Medikament. | empfehlen |
| Er riet mir zu wiederholen. | raten |
| Er rief mich an. | anrufen |
| Er log niemals. | lügen |
| Er betrog seinen Geschäftspartner um 100.000 Euro. | betrügen |
| Das Papier lag auf dem Boden. | liegen |
| Er litt unter dem Druck. | leiden |
| Er lieh mir das Geld. | leihen |
| Er dachte an seine Familie. | denken |
| Der Kellner **brachte** das Bier. | **bringen** |
| Ich **brauchte** Hilfe. | **brauchen** |
| Er blieb in seinem Land. | bleiben |
| Man nannte ihn Bob. | nennen |
| Er vermied Konflikte. | vermeiden |
| Der Text galt als schwierig. | gelten |
| Er gewann die Wette. | gewinnen |
| Er begriff nichts. | begreifen |
| Er kannte den Professor. | kennen |

| | |
|---|---|
| Er konnte Englisch. | können |
| Er erhielt keine Antwort. | erhalten |
| Die Arbeitslosenzahlen sanken. | sinken |
| Die Temperatur stieg. | steigen |
| Er trug die Verantwortung. | tragen |
| Er verlor die Wette. | verlieren |
| Die Politiker taten nichts. | tun |
| Das Papier verbrannte. | verbrennen |
| Das Fieber fiel. | fallen |
| Das Experiment gelang. | gelingen |
| Er traf die richtige Entscheidung. | treffen |
| Die Bevölkerung wuchs. | wachsen |
| Er fing mit der Arbeit an. | anfangen |
| Er flog in die USA. | fliegen |
| Die Menschen flohen vor den Soldaten. | fliehen |
| Er fand die Antwort. | finden |
| Er zog in die Stadt. | ziehen |
| Der General befahl den Rückzug. | befehlen |
| Uns verband eine alte Freundschaft. | verbinden |
| Der Minister erwog zurückzutreten. | erwägen |
| Das Wasser floss ins Tal. | fließen |
| Er geriet in Gefangenschaft. | geraten |
| Es geschah etwas Unerwartetes. | geschehen |
| Er verhielt sich falsch. | verhalten |
| Ich hing von seiner Hilfe ab. | abhängen |
| Er verließ die Stadt. | verlassen |
| Ich empfand das Urteil als ungerecht. | empfinden |
| Er schloss die Tür. | schließen |
| Man beschnitt seine Freiheit. | beschneiden |
| Er schwieg über seine Vergangenheit. | schweigen |
| Wir verglichen unsere Methoden. | vergleichen |
| Er besaß ein großes Vermögen. | besitzen |
| Die Zahlen unterschritten den Grenzwert. | unterschreiten |
| Er stieß auf Widerstand. | stoßen |
| Man strich viele Stellen. | streichen |
| Er stritt sich mit seinem Partner. | streiten |
| Die neuen Zahlen wichen von den alten ab. | abweichen |
| Er wies mich auf einen Fehler hin. | hinweisen |
| Er überwand alle Schwierigkeiten. | überwinden |
| Man zwang ihn zu einem Geständnis. | zwingen |
| 500 Stimmen entschieden über den Ausgang der Wahl. | entscheiden |
| Er verbarg seine Gefühle. | verbergen |

## IV.7 Feste Verbindungen

Man benutzt in den Grammatiken auch oft den Ausdruck *Funktionsverbgefüge.*

Um mit Verben eine bestimmte Handlung oder einen bestimmten Vorgang auszudrücken, gibt es verschiedene Möglichkeiten.

*Zwei einfache Beispiele:*
Der Lehrer **fragte** den Schüler.
Der Lehrer **stellte** dem Schüler **eine Frage**.

**Eine Frage stellen** – das nennt man eine **feste Verbindung**, d. h., eine Verbindung eines Nomens mit einem bestimmten Verb. Nur selten sind zwei Verben möglich, z. B. Maßnahmen **treffen** oder Maßnahmen **ergreifen**. Für die Bedeutung des Satzes ist das **Nomen** wichtig, das Verb hat meistens nur eine grammatische Funktion, deshalb auch der Ausdruck *Funktionsverbgefüge.*

In der Schriftsprache, besonders in der Sprache der Medien, der Behörden und in der Fach- und Wissenschaftssprache sind solche „festen Verbindungen" sehr häufig.

In den beiden oben angeführten Beispielen entspricht die feste Verbindung **eine Frage stellen** dem Verb **fragen**. Aber nicht immer gibt es eine solche Korrespondenz: Für die festen Verbindungen *Sport treiben, Maßnahmen treffen, die Gelegenheit ergreifen* und viele andere solche Verbindungen existiert kein „synonymes" Verb.

Allerdings ist wie bei allen synonymen Ausdrücken auch hier **fragen** und **eine Frage stellen** nicht ganz identisch. Man würde zum Beispiel sagen:

Der Schüler fragte den Lehrer, wie man das Wort „Joghurt" schreibt.
*Aber:* Der mit dem Unterricht unzufriedene Schüler stellte dem Lehrer immer wieder schwer zu beantwortende Fragen.
*Oder:* Der Reporter stellte dem Minister indiskrete Fragen.

Feste Verbindungen sind oft auch mit Präpositionen verbunden:
Das deutsche Schulsystem ist häufig kritisiert worden.
**An** dem deutschen Schulsystem ist häufig **Kritik geübt** worden.

**42** ***Zunächst einige sehr oft gebrauchte feste Verbindungen, die Sie sicher schon kennen: Bitte ergänzen Sie die Verben in der richtigen Form und gegebenenfalls die Präposition und den Artikel!***

Verben: äußern – geben – halten – lösen – nehmen – spielen – stellen – treffen – üben

1. Darf ich eine Frage ________________?
2. Ich habe das Recht, meine Meinung zu ____________________.
3. Die Regierung hat Maßnahmen ____________________, um die Stromversorgung sicherzustellen.
4. Wie kann man dieses Problem ________________?
5. Der Professor ______________ einen Vortrag über die Veränderung des Klimas.
6. Die Opposition ________________ Kritik ______ der Außenpolitik der Regierung.
7. Beim Lernen ____________________ das Gedächtnis eine wichtige Rolle.
8. Alle Verkehrsteilnehmer sollten ________ einander Rücksicht ____________________.

9. Ich möchte Ihnen den Rat ____________________, möglichst viel Zeitung zu lesen.
10. Bitte ________________ Sie Ihre Meinung!
11. Bitte ____________________ Sie Stellung!
12. Bitte ______________ Sie ________ dem Text Stellung!

**43** ***Bitte setzen Sie folgende Verben und Präpositionen ein:***

erzielen – kommen – stehen – stellen – treffen – treiben

1. Ich muss einen Antrag ____ Verlängerung meiner Aufenthaltsgenehmigung __________.
2. Es nutzt der Gesundheit, wenn man Sport ______________.
3. Ich ______________ Ihnen jederzeit für Fragen _________ Verfügung.
4. Haben Sie schon eine Entscheidung ___________________?
5. Es ist nicht so leicht, mit Einheimischen _______ Kontakt zu _________________.
6. In der Europäischen Union konnte keine Einigung über die Preise landwirtschaftlicher Produkte ______________________ werden.

**Eine feste Verbindung, die oft Schwierigkeiten macht:**

## zur Verfügung stehen *D*/zur Verfügung stellen *D A*

**44** ***Bitte vervollständigen Sie!***

Beispiel:
Der Mercedes gehört mir nicht, aber er **steht mir zur Verfügung**.
Dativ
(D. h., ich kann ihn benutzen.)

| | | |
|---|---|---|
| Die Firma hat | **ihn** | **mir zur Verfügung gestellt**. |
| | Akkusativ | Dativ |

1. Der Computer gehört mir nicht, aber ______________________________________.
   Mein Chef ______________________________________________________________.
2. Das Wochenendhaus gehört mir nicht, aber ______________________________.
   Meine Freunde __________________________________________________________.
3. Das Labor gehört mir nicht, aber ______________________________________.
   Mein Institut __________________________________________________________.
4. Die Kamera gehört mir nicht, aber _____________________________________.
   Die Fernsehgesellschaft _________________________________________________.
5. Das Tonstudio gehört mir nicht, aber ___________________________________.
   Die Plattenfirma _______________________________________________________.

## Eine Auswahl fester Verbindungen

**45** ***Bei schwierigen Bedeutungen finden Sie einen synonymen Ausdruck in Klammern. Besonders häufige Verbindungen sind fett gedruckt. Setzen Sie in die Lücken Verben, Präpositionen und Artikel ein!***

| | |
|---|---|
| 1. ein Abkommen schließen/treffen mit | Russland hat ______ Iran ein Abkommen auf dem Gebiet der Kernenergie ____________. |
| 2. etwas in Abrede stellen (etwas abstreiten) | Der Minister wollte nicht ___ Abrede _______, dass er beleidigende Worte gebraucht hatte. |
| 3. Abschied nehmen von | Wir müssen Abschied _________ _____ _____ Vorstellung, dass es wieder Vollbeschäftigung geben könnte. |
| 4. etwas in Angriff nehmen (etwas beginnen) | Wir müssen die notwendigen Maßnahmen sofort _____ Angriff ______________. |
| 5. Anklang finden (Zustimmung finden) | Der Vorschlag, die Aufgaben in Gruppenarbeit zu lösen, __________ zunächst keinen großen Anklang. |
| 6. etwas in Anspruch nehmen (nutzen, akzeptieren) | Manche Staaten wollen Hilfsangebote anderer nicht _____ Anspruch _____________. |
| 7. Ansprüche stellen an *A* (Anforderungen) | Wir müssen _______ unsere Mitarbeiter hohe Ansprüche ________________. |
| 8. j-m Anlass geben (zu) (Grund) | Die Ergebnisse der Pisa-Studien ___________ Anlass _____ verstärkten Reformbemühungen im Bildungsbereich. |
| 9. einen Antrag stellen (auf *A*) | Arbeitslose können einen Antrag ________ Arbeitslosenhilfe _______________. |
| 10. eine Antwort geben auf *A* | Niemand konnte mir _________ meine Fragen eine Antwort _______________. |
| 11. Anzeige erstatten (gegen) | _____________ ______ Manager wurde Anzeige wegen Untreue _________________. |
| 12. an die Arbeit gehen | Wir sollten nicht mehr diskutieren, sondern sofort _____ ______ Arbeit ____________. |
| 13. ein Attentat verüben (auf *A*) | Im Irak werden fast täglich Attentate _______ Amerikaner und irakische Sicherheitskräfte _________________. |
| 14. zum Ausdruck kommen (deutlich werden) | Bei den Verhandlungen ___________ deutlich _______ Ausdruck, dass niemand zu Kompromissen bereit war. |
| 15. Aufsehen erregen (Aufmerksamkeit hervorrufen) | Die Ankündigung von General Motors, in Deutschland 6000 Stellen streichen zu wollen, _________________ bundesweit Aufsehen. |

| | |
|---|---|
| 16. j-m Auskunft geben (über) | Ärzte dürfen _________ die Krankheiten ihrer Patienten keine Auskunft _____________. |
| 17. eine Ausnahme machen | Man sollte alle Unregelmäßigkeiten verfolgen und auch bei Führungskräften keine Ausnahme _______________. |
| 18. eine Auswahl treffen unter *D* | __________ _______ verschiedenen Möglichkeiten muss eine Auswahl _____________ werden. |
| 19. **den Bedarf an (*D*) ... decken** | Mit 300 Milligramm kann man seinen täglichen Bedarf ______ Vitamin C ___________. |
| 20. ein Bedürfnis befriedigen | Es war nicht möglich, auch nur die Grundbedürfnisse zu ______________. (s. Ü. 110) |
| 21. an Bedeutung gewinnen | Alternative Energien _______________ immer mehr _____ Bedeutung. |
| 22. (eine) Bedeutung zukommen *D* | ____ Treffen der beiden Staatsmänner _______ große Bedeutung _____. |
| 23. die Beobachtung machen | Man ___________ immer wieder die Beobachtung, dass Autos bei Rot durchfahren. |
| 24. j-m Bescheid geben/sagen (j-n benachrichtigen) | Wir _______________ Ihnen sofort Bescheid, wenn der Termin festgelegt ist. |
| 25. j-m ein Beispiel geben | Eltern sollten durch ihr Verhalten den Kindern ein Beispiel _________________. |
| 26. sich ein Beispiel nehmen an *D* | Vielleicht können wir uns bei unserer Beschäftigungspolitik ________ den Niederlanden ein Beispiel ___________________. |
| 27. einen Beitrag leisten zu | Jan Wilmuth hat einen großen Beitrag ______ Entwicklung der Gentechnologie __________. |
| 28. einen Beruf ausüben | Zurzeit ___________ er nicht den Beruf _____, den er erlernt hat. |
| 29. einen Beruf ergreifen | Heutzutage ist es selbstverständlich, dass jeder Jugendliche nach Beendigung der Ausbildung einen Beruf _____________________. |
| 30. etwas in Betracht ziehen (berücksichtigen) | Man muss ______ Betracht _________________, dass er sich geirrt haben könnte. |
| 31. **in/außer Betrieb sein** | Leider _______ der Geldautomat ___________ Betrieb. |
| 32. unter Beweis stellen | Sie müssen erst einmal ____________ Beweis ______________, dass Sie zu Teamarbeit fähig sind. |

| | |
|---|---|
| 33. zum Bewusstsein kommen (erkennen) | Plötzlich ______ mir ______ Bewusstsein, dass ich mich geirrt hatte. (Plötzlich erkannte ich ...) |
| 34. in die Brüche gehen (zerbrechen) | Die Freundschaft hielt den hohen Belastungen nicht Stand und ______ schließlich ______ ______ Brüche. |
| 35. (nicht) zur Diskussion stehen | Es ______ nicht ______ Diskussion, dass für Dieselautos Rußfilter erforderlich sind. (Es ist ganz sicher, dass ...) |
| 36. (nicht) zur Debatte stehen | Eine Änderung des Parteiprogramms ______ nicht ______ Debatte (kommt nicht in Frage, ist nicht vorgesehen). |
| 37. zur Diskussion stellen | Der Seminarleiter ______ die Thesen des Referenten ______ Diskussion. |
| 38. in Druck gehen | Die Beilage „Hochschule und Beruf" ______ Ende der Woche ______ Druck. |
| 39. eine Dummheit begehen | Jeder kann mal eine Dummheit ______. |
| 40. Einsicht nehmen in *A* (durchsehen) | Der Rechtsanwalt wollte zuerst Einsicht ______ die Akten ______. |
| 41. einen Empfang geben | Der Präsident ______ einen Empfang zu Ehren des Staatsgastes. |
| 42. zu Ende gehen | Wann ______ der Winter endlich ______ Ende? |
| 43. zur Entfaltung kommen (s. entfalten) | In der anregenden Umgebung konnten seine Fähigkeiten voll ______ Entfaltung ______. |
| 44. die Entscheidung treffen (über *A*) | Der zuständige Beamte muss die Entscheidung ______ ______ Asylantrag ______. |
| 45. **einen Entschluss/Entschlüsse fassen** | Manchen Menschen fällt es schwer, Entschlüsse zu ______. |
| 46. in Erfahrung bringen | Es war unmöglich, ______ Erfahrung zu ______, wer die Hintermänner waren. |
| 47. die Erfahrung machen (erfahren) | Ich habe die Erfahrung ______, dass es manchmal nützlich sein kann, etwas auswendig zu lernen. |
| 48. Erfolge erzielen | Wenn wir im Bildungswesen Erfolge ______ wollen, müssen wir viel Geld investieren. |
| 49. in Erfüllung gehen | Nicht alle Wünsche ______ ______ Erfüllung. |
| 50. **zu einem Ergebnis kommen** | Nach langen Verhandlungen ist man ______ einem positiven Ergebnis ______. |
| 51. j-m die Erlaubnis geben | Der Minister hatte seinem Vertreter die Erlaubnis ______, den Brief zu unterzeichnen. |

| | |
|---|---|
| 52. zum Erliegen kommen (zum Stillstand kommen) | Nach einer Reihe von Attentaten sind die Friedensverhandlungen ____ Erliegen __________. (Sie wurden nicht fortgeführt) |
| 53. in Erscheinung treten (sichtbar werden) | Es wird noch lange dauern, bis positive Resultate der Reformen ___ Erscheinung ________. |
| 54. etwas in Erwägung ziehen | Die Regierung __________ auch eine Erhöhung der Mehrwertsteuer ___ Erwägung. (denkt an eine Erhöhung der Mehrwertsteuer) |
| 55. j-n aus der Fassung bringen | Die Ablehnung ___________ ihn völlig ______ der Fassung. (führte dazu, dass er die Selbstbeherrschung verlor) |
| 56. Fortschritte erzielen | Auf dem Gebiet der Kommunikationstechnologie sind in letzter Zeit sehr große Fortschritte ______________ worden. |
| 57. (einen) Fehler begehen | Wenn man einen Fehler ___________________ hat, sollte man das auch zugeben. |
| 58. **nicht in Frage kommen** | Ein Nachgeben _______________ nicht ______ Frage (Es gibt kein Nachgeben.). |
| 59. (j-m) **eine Frage stellen** | Darf ich Ihnen eine Frage ________________? |
| 60. **etwas in Frage stellen** (bezweifeln) | Die Opposition _______________ den Nutzen der Regierungsmaßnahmen ______ Frage. |
| 61. etwas in Gang bringen (transitiv) | Endlich wurden Verhandlungen _______ Gang __________________ (begonnen). |
| 62. in Gang kommen (intransitiv) | Die Verhandlungen ________________ ______ Gang. (Sie begannen). |
| 63. j-n/etwas in Gefahr bringen | Der hohe Kurs des Euro ________________ die Export-Industrie ______ Gefahr. |
| 64. **im Gegensatz stehen zu** | Was Politiker tun, _____________ oft ________ Gegensatz _______ dem, was sie sagen. |
| 65. **die Gelegenheit ergreifen** | Sie müssen jede Gelegenheit _______________, Ihre Kenntnisse zu vertiefen. |
| 66. Gespräche führen mit | Schon seit mehreren Jahren werden ________ ______ Türkei Gespräche über einen Beitritt zur EU __________________. |
| 67. j-n/etwas aus dem Gleichgewicht bringen | Hohe Energiekosten _____________ die Bilanz ______ dem Gleichgewicht. |
| 68. **etwas in den Griff bekommen** | In Rio de Janeiro ist es bis jetzt nicht gelungen, die Drogenkriminalität _____ _______ Griff zu _______________. (mit der Drogenkriminalität fertig zu werden/das Problem der Drogenkriminilität zu lösen) |

| | |
|---|---|
| 69. einer Sache auf den Grund gehen (den Sachverhalt klären) | Wir dürfen uns nicht auf oberflächliche Untersuchungen beschränken, wir müssen der Sache ______ _____ Grund _____________. |
| 70. Handel treiben mit | Seit der Aufnahme in die EU ______________ die osteuropäischen Länder verstärkt Handel _____ ihren westlichen Nachbarn. |
| 71. j-m zu Hilfe kommen | Als er in Schwierigkeiten geriet, ________ ihm niemand ______ Hilfe. |
| 72. (j-m) Hilfe leisten | Jeder Autofahrer ist verpflichtet, bei einem Unfall Erste Hilfe zu ___________________. |
| 73. **die Initiative ergreifen** | Wir dürfen das Handeln nicht anderen überlassen, wir müssen selbst die Initiative ________. (wir müssen selbst etwas tun) |
| 74. Interesse haben an *A* | _____________ Sie _______ einer Lehrtätigkeit Interesse? |
| 75. etwas in Kauf nehmen | Wenn wir den Stabilitätspakt einhalten wollen, müssen wir harte Sparmaßnahmen _____ Kauf _____________ (akzeptieren). |
| 76. etwas zur Kenntnis nehmen | Wir müssen ________ Kenntnis ____________ (einsehen, begreifen), dass die „fetten Jahre“ vorbei sind. |
| 77. j-n in Kenntnis setzen von (j-n informieren über) | Der Personalchef _____________ die betroffenen Arbeiter ______ ______ Kündigungen _____ Kenntnis. |
| 78. **in Kraft treten** (gültig werden) | Am 1. Januar sind einige neue Gesetze ______ Kraft ________________. |
| 79. Krieg führen (gegen) | Es ist schwierig, __________ Terroristen Krieg zu ________________. |
| 80. **Kritik üben an *D*** | ____ _____ deutschen Schulwesen wird schon seit langem Kritik ________________. |
| 81. **in der Lage sein** ( + Inf. mit *zu*) (können) | Viele Schulkinder _________ nicht ___ ______ Lage, das Gelernte in der Praxis anzuwenden. (Viele Schulkinder können das Gelernte nicht in die Praxis umsetzen.) |
| 82. ums Leben kommen | Durch den Tsunami ___________ Hunderttausende ________ Leben. |
| 83. sich das Leben nehmen | Heinrich von Kleist _____________ sich 1811 in Berlin das Leben. |
| 84. die Leitung übernehmen | Nach dem Tod des Firmengründers _________ sein Sohn die Leitung. |

| | |
|---|---|
| 85. ans Licht kommen (bekannt werden) | Obwohl man versuchte, alles zu vertuschen, __________ die Korruptionsaffäre doch _____ Licht. |
| 86. Maß halten | Beim Essen und Trinken Maß zu ___________ ist unabdingbar für die Erhaltung der Gesundheit. (nicht zu viel, aber auch nicht zu wenig essen u. trinken) |
| 87. **Maßnahmen ergreifen/treffen** (etwas tun, um ein bestimmtes Ziel zu erreichen) | Die Maßnahmen, die zur Verringerung der Arbeitslosigkeit _____________ wurden, reichen nicht aus. |
| 88. **der Meinung sein** | Ich ______ _____ Meinung, dass Lebensmittel stärker kontrolliert werden müssten. |
| 89. **sich Mühe geben** (sich anstrengen) | Wenn man sich keine Mühe ______________, wird man auch keinen Erfolg haben. |
| 90. in Not geraten | Durch die Verschlechterung der wirtschaftlichen Lage sind in Argentinien auch im Mittelstand viele Menschen ____ Not _________. |
| 91. Nutzen ziehen aus | Bei seiner Tätigkeit konnte er _____ seinen Informatikkenntnissen Nutzen __________. |
| 92. **einen Plan/Pläne machen** | Es ist noch zu früh, einen genauen Plan zu ________________. |
| 93. **Prioritäten setzen** | Man kann nicht alles verwirklichen, was notwendig wäre, deshalb muss man Prioritäten _____________________. (das tun, was besonders wichtig ist) |
| 94. j-n auf die Probe stellen | Bevor man ihm das Unternehmen anvertraute, _______________ man ihn ______ ______ Probe: Man wollte herausfinden, ob er den Belastungen gewachsen war. |
| 95. j-m einen Rat geben | Sein Betreuer ___________ ihm den Rat, sich intensiver mit der Materie zu beschäftigen. |
| 96. **eine Rede/ein Referat/ eine Vorlesung/einen Vortrag halten** | Professor Friederichs _______ eine Vorlesung über Entwicklungspsychologie. |
| 97. **an die Reihe kommen** (als nächster behandelt/bedient werden) | Die schwersten Fälle _____________ als erste _____ ________ Reihe. |
| 98. j-n zur Rede stellen | Er wollte sich der Verantwortung entziehen, aber man ___________ ihn ______ Rede. (man zwang ihn, sich zu äußern) |
| 99. **Rücksicht nehmen auf** ***A*** | Die Stärkeren sollten _______ die Schwächeren Rücksicht _______________. |

| | |
|---|---|
| 100. einen Schluss/Schlüsse ziehen aus (folgern aus) | ________ dem Verhalten eines Menschen kann man Schlüsse auf seine Charaktereigenschaften ______________. |
| 101. **Schritt halten mit** (genauso schnell gehen, sich genauso schnell entwickeln) | Es ist fraglich, ob die Nahrungsmittelproduktion ______ ______ Bevölkerungswachstum Schritt __________ kann. |
| 102. in Schwierigkeiten geraten (in Schwierigkeiten kommen) | Wenn man seine Fähigkeiten überschätzt, kann man ____ Schwierigkeiten ________. |
| 103. etwas aufs Spiel setzen (riskieren, dass man etwas verliert) | Er kann es sich nicht leisten, seinen Ruf als Wissenschaftler ______ Spiel zu ________. |
| 104. Sport treiben | Sport zu ___________ nützt der Gesundheit. |
| 105. etwas auf die Spitze treiben (etwas übertreiben) | Man sollte den Arbeitseifer nicht ________ ________ Spitze ____________. |
| 106. an die Stelle (*G* oder *von*) treten | In vielen Bereichen sind Automaten _____ die Stelle von Menschen __________. |
| 107. **Stellung nehmen zu** (seine Meinung sagen) | Die Seminarteilnehmer wurden aufgefordert, ______ den Thesen des Referenten Stellung zu ____________. |
| 108. **zu der Überzeugung kommen** | Der Mannheimer Wirtschaftsexperte Wolfgang Franz ist ___ ____ Überzeugung ________, dass eine Verlängerung der Lebensarbeitszeit unerlässlich ist. |
| 109. j-m Unrecht tun | Es tut mir leid, wenn ich dir Unrecht habe. |
| 110. das/ein Urteil fällen | Vor einigen Wochen wurde das Urteil in dem Prozess gegen Michael Jackson ________. |
| 111. **Untersuchungen durchführen** (über *A*) | Zurzeit werden Untersuchungen _______ den Ozongehalt der Luft ____________. |
| 112. die Verantwortung tragen (für) | In den USA _________ der Präsident die Verantwortung _____ eine Kriegserklärung. |
| 113. die Verantwortung übernehmen (für) | Der Außenminister __________ die Verantwortung _______ die umstrittenen Anordnungen an die Botschaften. |
| 114. j-n zur Verantwortung ziehen | Man wird die Schuldigen ______ Verantwortung _________. |
| 115. **in Verbindung stehen zu/mit** | Der Angeklagte ________ _____ Verbindung ___/______ _______ Mafia. |

| | |
|---|---|
| 116. ein Verbrechen begehen | Wer ein Verbrechen ____________ hat, wird ______ Verantwortung __________ werden. |
| 117. in Verdacht geraten | Auch ein Deutscher ist __ Verdacht ________, in Verbindung zu El Kaida zu stehen. |
| 118. eine Vereinbarung treffen | Wir haben die Vereinbarung __________, einander in allen strittigen Fragen zu konsultieren. |
| 119. **zur Verfügung stehen/stellen** | s. Übung 44 |
| 120. in Vergessenheit geraten | Viele alte _____ Vergessenheit ________ Heilmittel werden heute wieder neu entdeckt. |
| 121. einen Vergleich anstellen zwischen/mit | Es ist schwer, ________ so verschiedenen Ländern Vergleiche ____________. Ein Vergleich _______ einem europäischen Land kann hier nicht _________ werden. |
| 122. eine Versicherung abschließen | Haben Sie schon eine Krankenversicherung _______________? |
| 123. Verhandlungen führen mit | Die Europäische Union __________ Beitrittsverhandlungen ______ _____ Türkei. |
| 124. das/ein Versprechen geben/halten | Wenn man ein Versprechen ___________ hat, muss man es auch _________. |
| 125. einen Vertrag schließen mit | Wir haben _____ der Zulieferfirma einen Vertrag über 2 Jahre ____________. |
| 126. **im Vordergrund stehen** | In einigen Regionen der Welt __________ immer noch die Befriedigung der einfachsten Grundbedürfnisse ______ Vordergrund. |
| 127. in den Hintergrund treten | In der Wirtschaft _________ soziale Belange immer mehr _____ den Hintergrund. |
| 128. (j-m) einen Vorschlag machen | Es wurde der Vorschlag ____________, Studiengebühren in Höhe von etwa 500 Euro pro Semester zu erheben. |
| 129. Vorsorge treffen (für) (rechtzeitig sorgen für) | Man muss heute schon früh Vorsorge ______ das Alter __________. |
| 130. j-m einen Vorwurf machen | Man _______ dem Präsidenten den Vorwurf, sich nicht ausreichend informiert zu haben. |
| 131. j-m etwas zum Vorwurf machen | Man ________ es dem Präsidenten ______ Vorwurf, sich nicht ausreichend informiert zu haben. |
| 132. zur Wahl stehen | Folgende Möglichkeiten _________ _____ Wahl (können gewählt werden): Anreise mit dem Flugzeug, mit dem Schiff oder eine Kombination von Schiffs- und Flugreise. |

| | |
|---|---|
| 133. die/eine Wahl treffen | Wenn sehr unterschiedliche Möglichkeiten _______ Wahl ____________, ist es schwierig, die richtige Wahl zu _______________. |
| 134. sich zur Wehr setzen (sich wehren) | Man darf nicht alles hinnehmen. Wenn einem Unrecht ______________ wird, sollte man sich _________ Wehr ________________. |
| 135. **Wert legen auf *A*** | Heute wird wieder mehr Wert _______ Familie und Freunde _______________. |
| 136. Widerstand leisten *D* | Im Dritten Reich gab es auch in Deutschland Menschen, die ________ Diktatur Widerstand ______________________. |
| 137. das Wort ergreifen | Der Präsident _______________ als Erster das Wort (er begann zu reden). |
| 138. j-m sein Wort geben (j-m etwas versprechen) | Mein Verhandlungspartner hat mir sein Wort ______________, dass er sich strikt an die Regeln halten werde. |
| 139. einen Wunsch äußern | Es wurde der Wunsch _______________, über das Thema noch länger zu diskutieren. |
| 140. j-n in Wut bringen | Es ___________ mich ____ Wut, wenn immer noch Nazi-Parolen verbreitet werden. |
| 141. Zustimmung finden (für) | Das neue Programm ________________ breite Zustimmung. |

## Übungen zu festen Verbindungen

Es ist besonders wichtig, dass Sie die **Bedeutung** der festen Verbindungen verstehen. Die Übungen 46 – 48 soll Ihnen das vermitteln.

46 ***Bitte ergänzen Sie im jeweils zweiten Satz die Wörter, die für eine Erklärung der festen Verbindung fehlen!***
***Mit Hilfe des Lösungsheftes können Sie die Übung auch umgekehrt machen: Sie lesen die Erklärungen und suchen die feste Verbindung! Meistens müssen Sie dabei den Satz umformen! Versuchen Sie, die Übungen ohne Hilfen zu machen. Falls das aber nicht klappt: Unten finden Sie in alphabetischer Folge die Ausdrücke, die Sie in der richtigen grammatischen Form einsetzen sollten.***

*Beispiel:*
Ich bin nicht in der Lage, dir zu helfen
Ich ________ dir nicht helfen.: Ich kann dir nicht helfen.

beachten - beginnen - benachrichtigen - deutlich werden - erfahren - genauso schnell entwickeln - kommen - lösen - rechtzeitig ... tun - riskieren - verlieren - tun - versprechen - wählen - wehren

1. In seiner Rede ist nicht zum Ausdruck gekommen, ob er das neue Konzept ablehnt oder ihm zustimmt.
   In seiner Rede ist nicht ______________ ______________, ob er das neue Konzept ablehnt oder ihm zustimmt.
2. Bitte geben Sie mir Bescheid, wenn Sie sich entschieden haben.
   Bitte ________________ Sie mich, wenn Sie sich entschieden haben.
3. Wir müssen die beschlossenen Reformen endlich in Gang bringen.
   Wir müssen die beschlossenen Reformen endlich ________________.
4. Allmählich kommen die Reformen in Gang.
   Allmählich ______________ die Reformen.
5. Können Sie in Erfahrung bringen, wann und wo die Tagung stattfindet?
   Können Sie ________________, wann und wo die Tagung stattfindet?
6. Er hat mir sein Wort gegeben, dass er niemandem etwas von unseren Plänen verraten wird.
   Er hat mir __________, dass er niemandem etwas von unseren Plänen verraten wird.
7. Wir dürfen nicht durch gewagte Unternehmen das aufs Spiel setzen, was wir bis jetzt erreicht haben.
   Wir dürfen nicht durch gewagte Unternehmen ____________, das zu ____________, was wir bis jetzt erreicht haben.
8. Bitte nehmen Sie zur Kenntnis, dass wir ab dem Ersten des nächsten Monats unsere Geschäftszeiten ändern.
   Bitte ________________ Sie, dass wir ab dem Ersten des nächsten Monats unsere Geschäftszeiten ändern.
9. Durch unvorhergesehene Ausgaben geriet er in finanzielle Schwierigkeiten.
   Durch unvorhergesehene Ausgaben ____________ er in finanzielle Schwierigkeiten.

10. Wir müssen die Bildungsmisere in den Griff bekommen.
    Wir müssen die Probleme der Bildungsmisere ________________________.
11. Wir sollten uns gegen Fremdenfeindlichkeit und Intoleranz zur Wehr setzen.
    Wir sollten uns gegen Fremdenfeindlichkeit und Intoleranz ____________________.
12. Die Bürger sollten nicht alles dem Staat überlassen, sondern selbst die Initiative ergreifen.
    Die Bürger sollten nicht alles dem Staat überlassen, sondern selbst etwas ___________.
13. Auch junge Menschen sollten Vorsorge treffen für den Fall, dass sie – etwa durch einen Unfall – arbeitsunfähig werden.
    Auch junge Menschen sollten _____________ etwas für den Fall ___________, dass sie – etwa durch einen Unfall – arbeitsunfähig werden.
14. Wenn wir erfolgreich sein wollen, müssen wir mit der Konkurrenz Schritt halten.
    Wenn wir erfolgreich sein wollen, müssen wir uns _____________ __________________ ______________________ wie die Konkurrenz.
15. Es stehen drei Möglichkeiten zur Wahl: eine große Koalition, eine Koalition von CDU/CSU, FDP und den Grünen, oder eine Koalition von SPD, den Grünen und der FDP.
    Es können drei Möglichkeiten _______________ _______________: eine große Koalition, eine Koalition von CDU/CSU, FDP und den Grünen, oder eine Koalition von SPD, den Grünen und der FDP.

**47** ***Hier finden Sie wieder die Ausdrücke, die eingesetzt werden sollen:***

akzeptieren – beginnen – bedienen/behandeln – nicht dürfen – erkennen – folgern – dazu führen, dass man die Selbstbeherrschung verliert – seine Meinung äußern – für möglich ansehen – zum Stillstand – tun – untersuchen – Zustimmung

1. Es kommt nicht in Frage, dass du das Angebot ablehnst.
   Du _____________ das Angebot ___________ ablehnen.
2. Plötzlich kam mir zum Bewusstsein, dass ich mich getäuscht hatte.
   Plötzlich _______________ ich, dass ich mich getäuscht hatte.
3. Infolge eines Schneesturms kam der Verkehr auf diesem Autobahnabschnitt völlig zum Erliegen.
   Infolge eines Schneesturms kam der Verkehr auf diesem Autobahnabschnitt _________ ______________________.
4. Es ist am besten, die Arbeit sofort in Angriff zu nehmen.
   Es ist am besten, die Arbeit sofort zu _________________.
5. Es ist unklar, welche Maßnahmen die Regierung ergreifen wird, um die anstehenden Probleme zu lösen.
   Es ist unklar, was die Regierung _______ wird, um die anstehenden Probleme zu lösen.
6. Der Minister wollte zu den Ausführungen des Kanzlers nicht Stellung nehmen.
   Der Minister wollte _____________ zu den Ausführungen des Kanzlers nicht ____________________.

7. Der Vorschlag, einen für alle einheitlichen Steuersatz einzuführen, fand schließlich doch keinen Anklang.
   Der Vorschlag, einen für alle einheitlichen Steuersatz einzuführen, fand schließlich doch keine ______________________.
8. Der Ausgang der Wahl brachte ihn völlig aus der Fassung.
   Der Ausgang der Wahl ____________ __________, dass er die ____________________ __________________.
9. Oft ist es schwer, aus dem Verhalten eines Menschen die richtigen Schlüsse zu ziehen.
   Oft ist es schwer, aus dem Verhalten eines Menschen das Richtige zu ______________.
10. Der Vorsitzende des Untersuchungsausschusses wollte sich nicht mit oberflächlichen Erklärungen zufrieden geben, er ist der Sache auf den Grund gegangen.
    Der Vorsitzende des Untersuchungsausschusses wollte sich nicht mit oberflächlichen Erklärungen zufrieden geben, er hat die Sache gründlich __________________.
11. Bitte warten Sie, bis Sie an die Reihe kommen!
    Bitte warten Sie, bis Sie ____________/________________ werden!
12. Würden Sie auch Teilzeitarbeit in Erwägung ziehen?
    Würden Sie es auch _______ _______________ _______________, eine Teilzeitarbeit anzunehmen?
13. Viele Arbeitnehmer sind bereit, Gehaltskürzungen in Kauf zu nehmen, wenn dadurch ihr Arbeitsplatz gesichert ist.
    Viele Arbeitnehmer sind bereit, Gehaltskürzungen zu __________________, wenn dadurch ihr Arbeitsplatz gesichert ist.

**48** ***Bitte setzen Sie ein:***

ansehen/durchsehen – anstrengen – bekannt werden – bestreiten – Grund für – gültig werden – als möglich ansehen – sichtbar werden – zu sprechen beginnen – übertreiben – was am wichtigsten ist – zu wenig

1. Zu viel ist meistens nicht gut: Auch beim Arbeiten sollte man Maß halten.
   Man sollte nicht zu viel, aber auch nicht ___________________ arbeiten.
2. Mein Sohn hat mir noch nie Anlass zu Sorge gegeben.
   Mein Sohn hat mir noch nie einen ____________ _______ Sorgen gegeben.
3. Bei der Prüfung der Bilanzen ist der Betrug ans Licht gekommen.
   Bei der Prüfung der Bilanzen ist der Betrug ______________ _______________.
4. Würden Sie in Betracht ziehen, auch in einem anderen Bundesland zu arbeiten?
   Würden Sie es __________ _____________ _______________, auch in einem anderen Bundesland zu arbeiten?
5. Der Prozessbeginn wurde verschoben, weil der Verteidiger noch keine Zeit gehabt hatte, Einsicht in die neuesten Akten zu nehmen.
   Der Prozessbeginn wurde verschoben, weil der Verteidiger noch keine Zeit gehabt hatte, die neuesten Akten ______________________.

6. Wenn man sich keine Mühe gibt, erreicht man auch nichts.
   Wenn man sich nicht ____________, erreicht man auch nichts.
7. Es ist wichtig, bei der Erledigung von Arbeiten Prioritäten zu setzen.
   Es ist wichtig, bei der Erledigung von Arbeiten zuerst das zu tun, _______ _________
   __________________ _________.
8. Nachdem die Teilnehmer lange ergebnislos diskutiert hatten, ergriff der Seminarleiter das Wort.
   Nachdem die Teilnehmer lange ergebnislos diskutiert hatten, ______________ der Seminarleiter _______ __________________.
9. Der Minister wollte nicht in Abrede stellen, dass eine Änderung des Gesetzes möglich sein könnte.
   Der Minister wollte nicht ______________, dass eine Änderung des Gesetzes möglich sein könnte.
10. Mit der Veröffentlichung im Bundesgesetzblatt tritt das Gesetz in Kraft.
    Mit der Veröffentlichung im Bundesgesetzblatt ________ das Gesetz ____________.
11. Man kann Sparsamkeit auch auf die Spitze treiben.
    Man kann Sparsamkeit auch ________________.
12. Bisher sind noch keine negativen Folgen durch Genmanipulation in Erscheinung getreten.
    Bisher sind noch keine negativen Folgen von Genmanipulation __________ __________.

## Weitere Übungen zu festen Verbindungen

**49** ***Bitte ergänzen Sie folgende Verben in der richtigen Form! In einigen Sätzen ist auch eine Präposition oder ein Artikel zu ergänzen.***

befriedigen – decken – ergreifen – geben – halten – leisten – nehmen – stehen – treiben – üben – übernehmen

1. Vor den Wahlen werden meist Versprechen ______________, die dann nicht ___________ werden.
2. Die Menschen in den Slums können oft nicht einmal ihre Grundbedürfnisse _________.
3. Dabei gibt es weltweit genug Nahrungsmittel, um den Bedarf zu __________________.
4. Wenn Sie Mitglied der Regierung werden, ____________ Sie eine große Verantwortung.
5. Wir sollten _____ die schwächeren Mitglieder unserer Gesellschaft Rücksicht ________.
6. Die Verbraucher können durch Änderung ihres Konsumverhaltens einen Beitrag ______ Ökologisierung der Landwirtschaft __________________.
7. Handel zu _______________ ist auch ein wichtiger Faktor für die Entwicklung einer gegenseitigen Verständigung.
8. Es ist leicht, Kritik zu ___________________.
9. Erdöl wird uns noch mindestens 50 Jahre _______ Verfügung __________________.

10. Meistens ist es leichter, materielle Bedürfnisse zu ________________ als immaterielle.
11. Bitte ____________ Sie ______ dem Text Stellung!
12. In den westlichen Ländern können auch Frauen die Initiative ____________, wenn es um Kontakte zum anderen Geschlecht geht.
13. Wann wollen Sie Ihr Referat ________________?
14. ________________ Sie die Gelegenheit, Ihre Kenntnisse zu verbessern!

**50** ***Bitte setzen Sie die richtigen Verben und gegebenenfalls auch Präpositionen ein! Wenn Ihnen das Schwierigkeiten bereitet, können Sie folgende alphabetische Liste zu Hilfe nehmen:***

decken – fassen – kommen – machen – sein – treffen – treiben – übernehmen – ziehen.

1. In der Prüfung war er so aufgeregt, dass er nicht _____ der Lage ______, die Namen aller Kontinente zu nennen.
2. Wenn man nach zahlreichen Untersuchungen ___ einem positiven Ergebnis __________ ist, darf das neue Medikament produziert werden.
3. Sind Sie schon einmal ______ den Gedanken ______________, dass Sie sich geirrt haben könnten?
4. Wir __________ schon immer der Meinung, dass gesunde Ernährung die beste Medizin ist.
5. Wir haben ______ seiner negativen Reaktion den Schluss ________________, dass er an dem Geschäft nicht interessiert ist.
6. Leider ______________ man immer wieder die Beobachtung, dass Leute achtlos Papier auf die Straße werfen.
7. Ich kann die Verantwortung ______ meine Mitarbeiter nicht ________________.
8. Während der Tagung wurde der Beschluss ___________________, sich regelmäßig zu Konsultationen zu treffen.
9. Zwischen der Bundesrepublik und Polen ist ein Kulturabkommen ________________ worden.
10. Seit dem Ende des Kalten Krieges ____________ die Bundesrepublik verstärkt Handel ________ den Staaten des ehemaligen Ostblocks.
11. Die vorhandenen Erdölvorkommen dürften ausreichen, unseren Bedarf für etwa 50 Jahre zu ________________.

**51** ***Bitte setzen Sie die richtigen Verben und gegebenenfalls auch Präpositionen ein! Wenn Ihnen das Schwierigkeiten bereitet, können Sie folgende alphabetische Liste zu Hilfe nehmen:***

bekommen – erregen – geben – geraten – führen – kommen – legen – sein – stehen – treffen – üben – übernehmen – ziehen

1. Der Projektleiter wollte die Verantwortung ___ das riskante Experiment nicht ________.
2. Die Veröffentlichung der Ergebnisse _______________ weltweit Aufsehen.
3. Es _____________ nicht ________ Frage, dass wir unser Vorhaben aufgeben.
4. Dieser Plan _______________ nicht ________ Diskussion.
5. Aber es _______________ _________ Debatte, ob wir nicht noch andere Finanzierungsmöglichkeiten suchen sollten.
6. Viele Personalchefs _______________ Wert ________ ein gepflegtes Äußeres.
7. Deutsche Unternehmer _________________ Verhandlungen ______ den Einsatz des Transrapids in den Golfstaaten.
8. Die Grünen ______________ ________ vielen Maßnahmen der Regierung Kritik.
9. Der der Korruption verdächtigte Abgeordnete muss ______ Verantwortung _____________ werden.
10. Es ist ________ Licht _______________, dass er von einer Baufirma Geld für die Parteikassen angenommen hat.
11. Wir müssen die Arbeitslosigkeit ______ den Griff __________________!
12. Bei wichtigen Entscheidungen fällt es oft schwer, die richtige Wahl zu _______________.
13. Ich erwarte Ihre Antwort! Bitte ________________ Sie mir bald Bescheid!
14. Man fürchtet, dass durch die neue Regelung zum Arbeitslosengeld viele Menschen _____ Not ______________________.
15. Leider konnte ich kein Geld abheben. Der Apparat ______ ____________ Betrieb.

**52** ***Bitte ergänzen Sie Verben und Präpositionen!***

1. Nicht alle Wünsche _________________ _____ Erfüllung.
2. Er hat die Entscheidung __________________. Er muss dafür ________ Verantwortung ______________________ werden.
3. Demnächst werden weitere Gespräche über den Beitritt der Türkei zur EU __________.
4. Wenn man ein Versprechen _________________ hat, muss man es auch ______________.
5. Das Klimaprotokoll ________________ breite Zustimmung.
6. Wenn Sie Ihr Ziel erreichen wollen, müssen Sie viel Mühe und Arbeit _________ Kauf ______________________.
7. Ich konnte nicht ______ Erfahrung _______________, wann die Prüfung stattfinden soll.
8. Nur in einer liebe- und verständnisvollen Umgebung können die Fähigkeiten des Kindes voll _______ Entfaltung _____________________.
9. Er kann es sich nicht leisten, seinen Ruf als Wissenschaftler _____ Spiel zu __________.

10. Beim Essen und Trinken Maß zu ________________ ist wichtig für die Gesundheit.
11. Wir müssen hohe Ansprüche ____ unsere Mitarbeiter __________________.

**53** ***Bitte benutzen Sie folgende Verben in den richtigen Formen und ergänzen Sie die notwendigen Präpositionen!***

bekommen – erreichen – finden – gehen – haben – legen – nehmen – sein – treffen

1. Leider ______ ich zurzeit nicht ___ der Lage, das Projekt entsprechend zu unterstützen.
2. Im Ausland muss man manche Unannehmlichkeiten ____ Kauf ____________________.
3. Haben Sie schon eine Entscheidung über das weitere Vorgehen ____________________?
4. In den vergangenen Jahren sind viele Maßnahmen gegen die Arbeitslosigkeit _________ worden, ohne dass eine wirkliche Lösung ________________ wurde.
5. Es ist außerordentlich schwierig, diese Probleme _____ den Griff zu ________________.
6. Viele Personalchefs _______________ Wert _______ die Fähigkeit, im Team zu arbeiten.
7. In einem Team sollte man auch _______ die Schwächeren Rücksicht ________________.
8. Um das Ziel zu ________________, ist der Einsatz aller Fähigkeiten und Möglichkeiten erforderlich.
9. _______________ Sie Interesse ______ einer Tätigkeit im Ausland?
10. Alles ____________ einmal ______ Ende.

**54** ***Bitte benutzen Sie folgende Verben in der richtigen Form und ergänzen Sie die Präpositionen!***

anstellen – äußern – ausüben – erfüllen – finden – führen – geben – sein – stehen – stellen – treffen – übernehmen

1. Manchen Menschen fällt es schwer, Entscheidungen zu ______________________.
2. Der Vorschlag, den Feiertag zu streichen, ______________________ keinen Anklang.
3. Wenn die Nahrungsmittel knapp sind, _____________ das Überleben ____ Vordergrund.
4. Wenn man im Ausland lebt, ________________ man meistens Vergleiche _____ seinem Heimatland _____.
5. Ich ________ der Meinung, dass man die Wochenarbeitszeit nicht verlängern sollte.
6. Mein Onkel hat einen großen Einfluss _______ mich ____________________.
7. Auch wenn Sie mir die Frage hundertmal ________________, werde ich Ihnen keine Antwort darauf ____________________.
8. Er __________ den Wunsch mitzufahren, und ich hoffe, diesen Wunsch _____________ zu können.
9. Sind schon Vorbereitungen ________ das Fest ________________ worden?
10. Ich kann die Verantwortung für diese Entscheidung nicht ______________________.
11. Mein Wagen ______________ dir jederzeit _________ Verfügung, wenn deiner in Reparatur ist.
12. Er ______________ ein geruhsames Leben.

## 55 *Bitte setzen Sie die folgenden Verben ein und ergänzen Sie die Präpositionen!*

ergreifen – geben – kommen – machen – stellen – treffen – ziehen

1. Diese Tätigkeit ____________ hohe Anforderungen _____ das Konzentrationsvermögen.
2. Es ____________ nicht ____ Frage, dass Sie jetzt die Arbeit hinwerfen.
3. Man hat mir noch keine Gelegenheit ____________, meine Fähigkeiten ___________ Beweis zu __________________.
4. Sie sollten jede Gelegenheit _______________, Ihre Kenntnisse zu vertiefen.
5. ___ seinen zustimmenden Worten dürfen Sie nicht ohne weiteres den Schluss ________, dass er Sie unterstützen wird.
6. Die bis jetzt ___________________ Maßnahmen zum Umweltschutz sind unzureichend.
7. Seine Arroganz ____________ ______ viele einen schlechten Eindruck.
8. Er versuchte, ________ seinen Kontakten zu Regierungskreisen finanziellen Nutzen zu _______________.
9. ________ das Gipfeltreffen wurden umfangreiche Vorbereitungen __________________.

## 56 *Bitte setzen Sie folgende Verben ein und ergänzen Sie auch die Präpositionen!*

äußern – geben – nehmen – treffen – ziehen

1. Bitte ____________ Sie mir Gelegenheit, meine Meinung zu _________________.
2. Viele Bedürftige scheuen sich, Sozialhilfe _____ Anspruch zu __________________.
3. Die Entscheidung muss noch heute ______________________ werden.
4. Er ______________ _____ Erwägung, das Geschäft aufzugeben.
5. Die Bundesrepublik und Polen haben eine Vereinbarung ________________, einander in Fragen des Umweltschutzes zu konsultieren.
6. Sie hat nie einen Wunsch __________________.
7. Würden Sie bitte _____ diesen Äußerungen Stellung __________________?

## 57 *Bitte ergänzen Sie Verben und Präpositionen!*

bringen – finden – geben – gehen – nehmen – setzen – stehen – stellen – treffen – ziehen

1. Du darfst nicht immer alles hinnehmen. Wenn man dir Unrecht tut, musst du dich Wehr ___________________.
2. Er hat gelogen. Ich werde ihn deshalb ______ Rede _________________.
3. Eine Änderung des Programms ____________ nicht ______ Debatte.
4. Es ____________ mich jedesmal _____ Wut, wenn er so unpünktlich ist.
5. Ich möchte Einsicht _______ die mich betreffenden Papiere _________________.
6. Seine Unkonzentriertheit ___________ Anlass _______ Klagen.
7. Die Vorstellung von einer großen Koalition _______________ wenig Anklang.
8. Haben Sie schon einmal ______ Betracht _____________, selbst eine Firma zu gründen?

9. Ich muss Sie <u>da</u>____ ______ Kenntnis ____________, dass der Vertrag Ende des Jahres ausläuft.
10. Das Buch konnte nicht rechtzeitig _____ Druck _________________.
11. Er hatte es versäumt, rechtzeitig Vorsorge ______ einen Notfall zu _________________.

# V Übungen im Bereich *Nomen*

## V.1 Nomen, zugehörige Verben und Adjektive

**58** ***Wie heißt das Nomen? Bitte geben Sie auch den Artikel und gegebenenfalls den Plural an! Es empfiehlt sich auch, aus den Nomen, die Sie im Lösungsheft finden, wieder die Verben zu bilden! Einige von Adjektiven abgeleitete Nomen haben einen Umlaut!***

*Beispiele:*
kontrollieren – e Kontrolle, -n; leicht – e Leichtigkeit

1. sich ereignen ________
2. erleben ________
3. erkennen ________
4. ersetzen ________
5. abschließen ________
6. gewinnen (2 Nomen) ________
7. teilnehmen ________
8. liegen ________
9. widersprechen ________
10. widerstehen ________
11. verlieren ________
12. einwenden ________
13. gehen ________
14. zunehmen ________
15. verstehen (3 Nomen) ________
16. vollziehen ________
17. wiedergeben ________
18. steigen ________
19. wachsen ________
20. beitragen ________
21. umgehen (mit j-m) ________
22. genießen ________
23. zurückkehren ________
24. zurücktreten ________
25. nachweisen ________
26. auszeichnen ________
27. fortschreiten ________
28. glauben ________
29. übernehmen ________
30. wollen ________
31. schützen ________
32. springen ________
33. werfen ________
34. zwingen ________
35. altern ________
36. kämpfen ________
37. austauschen ________

38. akzeptieren ________
39. demonstrieren ________
40. illustrieren ________
41. reagieren ________
42. resultieren ________
43. reflektieren (2 Nomen) ________
44. interpretieren ________
45. konstruieren ________
46. variieren ________
47. respektieren ________

48. genau ________
49. intensiv ________
50. harmonisch ________
51. einzeln ________
52. naiv ________
53. real ________
54. unabhängig ________

55. schlecht ________
56. reich ________
57. arm ________
58. heiß ________
59. halb ________
60. kalt ________
61. warm ________
62. nass ________
63. nahe ________
64. scharf ________

**59** ***Nomen ↔ Verb***
***Bitte notieren Sie den Artikel des Nomens und suchen Sie das passende Verb! Welche Verben sind reflexiv? Achten Sie auf Umlaute!***
***Im Lösungsheft finden Sie die Verben und können die Übung dann auch umgekehrt machen: Wie heißt das Nomen zum Verb?***

1. Genuss ________
2. Verlust ________
3. Analyse ________
4. Einfluss ________
5. Abschluss ________
6. Verlauf ________
7. Anstieg ________
8. Wachstum ________
9. Beweis ________
10. Möglichkeit ________
11. Zusammenbruch ________
12. Handlung ________
13. Schutz ________
14. Anpassung ________
15. Einsatz ________
16. Beitrag ________
17. Furcht ________
18. Wahl ________
19. Gefahr ________
20. Demonstration ________
21. Integration ________
22. Präsentation ________
23. Funktion ________
24. Revolution ________
25. Produktion ________
26. Reaktion ________
27. Kommunikation ________
28. Kombination ________
29. Kooperation ________
30. Konsum ________
31. Reform ________
32. Struktur ________
33. Experiment ________
34. Protest ________
35. Demokratie ________
36. Existenz ________
37. Tendenz ________
38. Konkurrenz ________
39. Engagement ________
40. Training ________

**60** ***Suchen Sie die Adjektive zu den Nomen! Achten Sie auf Umlaute!***

*Beispiel:*
Biologie – biologisch

1. Psyche ______
2. Psychologie ______
3. Seele ______
4. Geist ______
5. Körper ______
6. Kind ______
7. Sinn ______
8. Weisheit ______
9. Natur ______
10. Kunst ______
11. Europa ______
12. Asien ______
13. Osten ______
14. Westen ______
15. Norden ______
16. Süden ______
17. Tier ______
18. Pflanze ______
19. Mensch ______
20. Leben ______
21. Arzt ______
22. Raum ______
23. Erde ______
24. Nutzen ______
25. Frieden ______
26. Ordnung ______
27. Tradition ______
28. Toleranz ______
29. Prinzip ______
30. Grundsatz ______
31. Materie ______
32. Zukunft ______
33. Gegenwart ______
34. Skepsis ______
35. Harmonie ______
36. Utopie ______
37. Angst ______
38. Tropen ______
39. Statistik ______
40. Mobilität ______
41. Stabilität ______
42. Anonymität ______
43. Flexibilität ______
44. Kriminalität ______
45. Individuum ______
46. Egoismus ______
47. Kompetenz ______
48. Sprache ______
49. Wirtschaft ______
50. Wissenschaft ______
51. Mathematik ______
52. Chemie ______
53. Physik ______

## V.2 Bezeichnungen von Personen

61 ***Wie heißt die Person?***

*Beispiele:*
Biologie – Biologe; lehren – Lehrer; klagen – **Kläger**

| | | | |
|---|---|---|---|
| 1. Mathematik | ______ | 21. vermitteln | ______ |
| 2. Physik | ______ | 22. erzeugen | ______ |
| 3. Chemie | ______ | 23. emigrieren | ______ |
| 4. Psychologie | ______ | 24. konsumieren | ______ |
| 5. Theologie | ______ | 25. referieren | ______ |
| 6. Jura | ______ | 26. absolvieren | ______ |
| 7. Demokratie | ______ | 27. kandidieren | ______ |
| 8. Sport | ______ | 28. kritisieren | ______ |
| | | 29. organisieren | ______ |
| 9. heilen | ______ | 30. moderieren | ______ |
| 10. betreuen | ______ | 31. produzieren | ______ |
| 11. flüchten | ______ | 32. sympathisieren | ______ |
| 12. lügen | ______ | | |
| 13. vertreten | ______ | 33. ermorden | ______ |
| 14. ausbilden | ______ | 34. tun | ______ |
| 15. wählen | ______ | 35. empfangen | ______ |
| 16. schlichten | ______ | 36. anfangen | ______ |
| 17. züchten | ______ | 37. schlafen | ______ |
| 18. forschen | ______ | 38. schlagen | ______ |
| 19. retten | ______ | 39. tragen | ______ |
| 20. sammeln | ______ | 40. singen | ______ |

62 ***„Leute, die ...": Suchen Sie präzisere Ausdrücke!***

*Beispiel:*
Leute, die in der Stadt wohnen → Stadtbevölkerung

1. Leute, die arbeiten →
2. Leute, die keine Arbeit haben →
3. Leute, die keine Kinder haben →
4. Leute, die zuwandern →
5. Leute, die behindert sind →
6. Leute, die alt und krank sind →
7. Leute, die gegen etwas sind →
8. Leute, die kritisieren →

9. Leute, die zur Familie gehören →
10. Jugendliche, die den Kriegsdienst verweigern →
11. Leute, die Sozialhilfe bekommen →
12. Leute, die egoistisch sind →
13. Leute, die altruistisch sind →
14. Leute, die eine andere Statsbürgerschaft haben →
15. Wissenschaftler, die das Wetter erforschen und voraussagen →
16. Leute, die ins All fliegen →

## V.3 Bedeutung einzelner Nomen

**63** ***Bitte suchen Sie rechts die Entsprechung für links – und umgekehrt! Notieren Sie die Artikel der Nomen und gegebenenfalls die Pluralform!***

| | |
|---|---|
| 1. Umbruch | a) Bedingung |
| 2. Durchbruch | b) Faktum |
| 3. Voraussetzung | c) Möglichkeit oder Fähigkeit, über Personen oder Dinge zu bestimmen |
| 4. Ballungsraum | d) Teil der Bevölkerung, der relativ gebildet ist und dem es finanziell gutgeht |
| 5. Übel | e) starke Veränderung, besonders in Gesellschaft/Politik |
| 6. Wandel | f) ständige Verbesserung und Weiterentwicklung |
| 7. Fortschritt | g) Erfolg, auf den man lange gewartet hat und der für die Zukunft entscheidend ist |
| 8. Macht | h) etwas Schlimmes, Böses, Schlechtes ... |
| 9. Pflicht | i) das Behütetsein, (emotionale) Sicherheit |
| 10. Nachhaltigkeit | j) Übergang, Veränderung |
| 11. Tatsache | k) wirtschaftliche Sicherheit, hoher Lebensstandard |
| 12. Wohlstand | l) etwas, was man tun muss, weil die Gesellschaft, die Moral ... es verlangt |
| 13. Mittelstand | m) Gebiet mit vielen nah beieinander liegenden Städten und viel Industrie |
| 14. Geborgenheit | n) lang andauernde Folge (für Wirtschaft und Gesellschaft) |

## 64 *Suchen Sie rechts die Entsprechung von links! Notieren Sie die Artikel der Nomen und gegebenenfalls die Pluralform!*

| | |
|---|---|
| 1. Lebewesen | a) eine Masse, die über, unter oder zwischen anderem liegt; Abschnitt eines Arbeitstages |
| 2. Laie | b) eine Macht, von der manche glauben, sie könne das Leben eines Menschen bestimmen |
| 3. Nachfolger | c) jemand, der auf einem speziellen Gebiet keine besonderen Kenntnisse hat: Nichtfachmann |
| 4. Talent | d) ein lebender Organismus |
| 5. Ehrgeiz | e) ein Ereignis, das nicht geplant wurde und das nicht notwendigerweise geschehen musste |
| 6. Schicht | f) Zeitraum zwischen Altertum und Neuzeit (in der europäischen Kultur) |
| 7. Umfang | g) der Weg zwischen zwei Punkten oder Orten |
| 8. Mittelalter | h) jemand, der nach jemandem kommt |
| 9. Schicksal | i) starkes Bemühen um Erfolg |
| 10. Strecke | j) die Länge einer Linie, die um die äußere Begrenzung eines Gegenstandes herumläuft; auch Synonym von Dimension |
| 11. Zufall | k) die angeborene Fähigkeit zu guten Leistungen |

## 65 *Bitte setzen Sie folgende Nomen ein, gegebenenfalls mit Artikel:*

Armut – Erlebnis – Evolution – Gedächtnis – Geist – Herausforderung – Konkurrenz – Konzept – Phase – Recht – Reichtum – Rohstoff(e) – Rückschritt(e) – Spannung – Überwindung

1. Deutschland hat nicht viele ______________, aber einen ________________ an gut ausgebildeten Arbeitskräften.
2. Mali ist eins der unterentwickeltsten Länder der Erde: Dort herrscht große __________.
3. Man hatte Fortschritte in der Entspannungspolitik erhofft, leider sind aber eher _______ zu verzeichnen.
4. ______ _____________ wird oft als Gegenpol zum Körper verstanden.
5. Die Begegnung mit dem Bären war für den Reisenden ein unvergessliches ___________.
6. Vor einer Prüfung befindet man sich meistens in einem Zustand der ________________.
7. In der Wirtschaft folgt oft auf eine _____________ des Aufschwungs eine Zeit des Abschwungs.
8. Beim Lernen spielt ______ ________________ eine wesentliche Rolle.
9. Darwin begründete die moderne ________________stheorie.
10. Jeder Deutsche über 18 Jahren hat _____ ____________ zu wählen.
11. Er wurde nach New York geschickt, um seine Firma in den USA zu vertreten. Das war eine große ______________________ für ihn.

12. Man hat der Regierung vorgeworfen, dass sie kein wirkliches ______________ für die Entwicklung des Arbeitsmarktes hat. Ohne ein vernünftiges ________________ ist die ____________________ der Schwierigkeiten nicht möglich.
13. Durch die Globalisierung hat ______ ________________ zugenommen.

**66** ***Bitte setzen Sie folgende Nomen ein (im Singular oder im Plural):***

Anziehungskraft – Auffassung – Disziplin – Einstellung – Ereignis – Gehirn – Gleichberechtigung – Hektik – Lärm – Motto – Nachahmung – Ort – Raum – Rückgang – Vorbild – Wesen

1. Ein Hörsaal ist ein ___________, in dem Vorlesungen stattfinden.
2. Ladenburg ist ein kleiner _____________ in der Nähe von Heidelberg.
3. Kinder lernen durch ________________________.
4. Der Teil des Kopfes, mit dem man denkt, heißt ________________.
5. Beim Militär, aber auch in der Schule, muss _________________ herrschen.
6. Nicht nur Feministinnen fordern die _______________________ von Mann und Frau.
7. Wie ist Ihre __________________ zum Feminismus?
8. Das ____________ von Toyota: Nichts ist unmöglich.
9. Heute sind Filmschauspieler und Popstars die _________________ vieler Jugendlicher.
10. In der „Tagesschau" wird über die wichtigsten ________________ des Tages berichtet.
11. Für die Anwohner der Hauptverkehrsstraßen stellt der _________ eine große Belastung dar.
12. Viele Menschen in Deutschland sind der ________________, dass keine der großen Parteien wirklich die Interessen der Bürger vertritt.
13. Nur bei einem Aufschwung der Wirtschaft ist ein wesentlicher _________________ der Arbeitslosigkeit zu erwarten.
14. Abenteuer in der Wildnis üben auf viele Menschen eine große _____________________ aus.
    Sie wollen der _____________ des westlichen Arbeitslebens entkommen.
15. Gehört Aggressivität zum _________________ des Menschen?

## V.4 Exkurs: Pluralformen

**67** ***Wie heißt der Singular? Sprechen Sie die Wörter laut!***
Wenn der Plural mit Umlaut gebildet wird, ist es besonders beim Hören oft schwierig, die entsprechende Singularform zu finden. ***ä*** hört sich fast wie ***e*** an!

1. Wälder ____________________
2. Dörfer ____________________
3. Männer ____________________
4. Väter ____________________
5. Mütter ____________________
6. Töchter ____________________
7. Söhne ____________________
8. Brüder ____________________
9. Füße ____________________
10. Räume ____________________
11. Ströme ____________________

12. Zusammenhänge ____________________
13. Ämter ____________________
14. Vorwände ____________________
15. Löcher ____________________
16. Künste ____________________
17. Beiträge ____________________
18. Märkte ____________________
19. Höfe ____________________
20. Hände ____________________
21. Länder ____________________
22. Wörter ____________________
23. Häuser ____________________

24. Löhne ____________________
25. Zustände ____________________
26. Böden ____________________
27. Sätze ____________________

28. Ärzte ____________________
29. Kräfte ____________________
30. Verträge ____________________
31. Erträge ____________________
32. Plätze ____________________
33. Pläne ____________________
34. Äpfel ____________________
____________________

35. Bäume ____________________
36. Grüße ____________________
37. Stämme ____________________
38. Pässe ____________________
39. Flüsse ____________________
40. Köpfe ____________________
41. Völker ____________________
42. Wände ____________________
43. Früchte ____________________
44. Bücher ____________________
45. Blätter ____________________

46. Räder ____________________
47. Fächer ____________________
48. Schlüsse ____________________
49. Gläser ____________________
50. Läden ____________________
51. Stürme ____________________
52. Vorträge ____________________
53. Vorschläge ____________________
54. Gründe ____________________

## V.5 Exkurs: Anmerkungen zur n-Deklination

| | **„normale“ Deklination (maskulin)** | | **„n“-Deklination** | |
|---|---|---|---|---|
| | *Singular* | *Plural* | *Singular* | *Plural* |
| *Nominativ* | der Mann | die Männer | der Mensch | die **Menschen** |
| *Akkusativ* | den Mann | die Männer | den **Menschen** | die **Menschen** |
| *Dativ* | dem Mann | den Männern | dem **Menschen** | den **Menschen** |
| *Genitiv* | des Mannes | der Männer | des **Menschen** | der **Menschen** |

Wenn man Zeitung liest, sieht es so aus, als ob die n-Deklination allmählich in Vergessenheit geraten würde. In der Bildungssprache ist sie aber immer noch ein Muss.
Allerdings braucht man nicht alle Nomen zu wissen, die dieser Deklination folgen. Im Folgenden sind die in unserem Zusammenhang wichtigsten zusammengestellt.

**Männliche Personen mit der Endung -e:**
der Erbe, der Experte, der Jude, der Junge, der Laie, der Kollege, der Kunde, der Nachkomme, der Zeuge …

▶ **einige andere maskuline Nomen mit der Endung -e:**
der Buchstabe, **der Friede**, **der Gedanke**, der Glaube, **der Name**, **der Wille**
(Diese Nomen haben im Genitiv Singular die Endung -ens)
Hierher gehört auch das einzige neutrale Nomen der n-Deklination:

| | |
|---|---|
| *Nominativ **und Akkusativ***: | das Herz |
| *Dativ:* | dem Herzen |
| *Genitiv:* | des Herzens |

**Nationalitäten auf -e:**
der Brite, der Chinese, der Franzose, der Pole, der Russe, der Türke … und auch: der Asiate

**einige andere männliche Personen (ohne die Endung -e):**
Bauer, Nachbar:

| | | |
|---|---|---|
| *Sg.* | den Baue**rn** | *Pl.* Bauern, Nachba**rn** |
| | dem Baue**rn** | |
| | des Baue**rn** | |

▶ **Herr: Singular mit „n“, Plural „-en“: den Herr*n*, die Herr*en***

▶ **der Deutsche** folgt der Adjektivdeklination, also: ein Deutsch**er**, viele Deutsch**e**;

**ebenso andere substantivierte Adjektive und Partizipien auf -e:**
der Kranke, der Tote, der Reisende, der Angestellte, der Beamte, der Bekannte, der Verletzte, der Verwandte, …, ein Krank**er** …

**Viele Nomen nichtdeutscher Herkunft werden wie „Mensch" dekliniert:**

**Alle Fremdwörter auf *-and, -ant, -ent, -ist*:**
Doktorand …
Demonstrant, Praktikant, …
Assistent, Dirigent, Dozent, Klient, Konsument, Korrespondent, Patient, Präsident, Produzent, **Student** …
Christ, Idealist, Journalist, Jurist, Kommunist, Komponist, Optimist, Pessimist, Polizist, Spezialist, Terrorist, Tourist …

**Viele Fremdwörter auf *-at* und *-ot*:**
Automat, Bürokrat, Demokrat, Diplomat, Kandidat, Soldat …
Idiot, Pilot …

**Fremdwörter auf -oge, die einen Beruf bezeichnen:**
Biologe, Pädagoge, Soziologe …

**einige andere Fremdwörter:**
Architekt, Astronaut, Fotograf, Katholik, Philosoph, Planet, Satellit …

**68** *Bitte ergänzen Sie das passende Nomen in der richtigen Singularform:*

Dozent – Friede – Gedanke – Klient – Korrespondent – Mensch – Name – Patient – Philosoph – Präsident – Spezialist – Wille

1. Der Rechtsanwalt führte ein erstes Gespräch mit seinem ____________.
2. Die Macht des deutschen ______________ ist sehr beschränkt.
3. Es war Aufgabe des ______________, das Seminar durchzuführen.
4. Er spielte mit dem ______________, Deutschland zu verlassen.
5. Die Gedanken des griechischen ______________ Aristoteles hatten großen Einfluss auf die europäische Philosophie des Mittelalters.
6. Wir brauchen einen ____________, der über alle Informatikproblerne Bescheid weiß.
7. Wie schreibt man Ihren ________________?
8. Er glaubte, seinen ______________ durchsetzen zu können.
9. Vor und nach Ausbruch des Kriegs im Irak fanden überall in Europa Demonstrationen für den ______________ statt.
10. In vielen Ländern ist die Arbeit eines Auslands______________ voller Risiken.
11. Der Termin für die Entlassung des ___________ aus dem Krankenhaus ist noch nicht festgelegt.
12. Die Paläoanthropologie beschäftigt sich mit der Entwicklungsgeschichte des ________.

**69** ***Bitte ergänzen Sie das passende Nomen in der richtigen Singularform:***

Architekt – Automat – Doktorand – Fotograf – Herr – Kunde – Nachbar – Planet – Polizist – Satellit

1. Das Vorgehen des ________________ bei der Festnahme des Verdächtigen wurde heftig kritisiert.
2. Der Professor lud den ____________________ ein, an seinem Oberseminar teilzunehmen.
3. Das Recht des _________________ auf Erstattung des Kaufpreises besteht nur, wenn die Ware Mängel aufweist.
4. Die europäische Raumfahrtbehörde hat wieder einen neuen _________________ in den Weltraum geschickt.
5. Ich suche einen Fahrkarten________________.
6. Besprechen Sie die anstehenden Probleme mit __________ Schulz!
7. Er streitet ständig mit seinem __________________ über die Bäume, deren Schatten das Wachstum in seinem Garten beeinträchtigt.
8. Erst vor kurzem hat man einen neuen ________________ entdeckt.
9. Die Pläne des ________________ für den Bau des Stadions erwiesen sich als unfinanzierbar.
10. Für die Ausstellungseröffnung sollten wir einen ___________________ engagieren.

# VI. Präpositionen

## VI.1 Einige Präpositionen der Schriftsprache

Die Einteilung in *temporal, lokal* usw. soll nur ein Anhaltspunkt sein. Viele Präpositionen sind mehreren Gruppen zuzuordnen. Wichtig ist aber in erster Linie, diese Präpositionen in gelesenen Texten zu verstehen.

**temporal**

| | |
|---|---|
| binnen *G*<br>(=innerhalb) | Binnen weniger Augenblicke war die Straße mit Schnee bedeckt. |
| zeit *G* | nur in den Verbindungen *zeit meines/deines/seines … Lebens*: Zeit seines Lebens musste er hart arbeiten. (solange er lebte, …) |

**lokal**

| | |
|---|---|
| abseits *G*<br>(entfernt von) | Abseits der großen Städte findet man noch solche kleinen idyllischen Orte. |
| außerhalb/innerhalb *G* | Auch in einigen Staaten außerhalb der EU-Grenzen wird der Euro als Zahlungsmittel akzeptiert. |
| beiderseits *G* | Beiderseits des Flusses erstrecken sich Auwälder. |
| diesseits/jenseits *G*<br>(auf dieser Seite/auf der anderen Seite) | Jenseits der Bergkette herrscht ein ganz anderes Klima. |
| oberhalb/unterhalb *G* | Oberhalb von 300 m schneit es. |
| längs *G*<br>(ungefähr: entlang) | Längs der Straße entstanden viele neue Siedlungen. |
| inmitten *G* | Der Ort lag einsam inmitten großer Wälder. |
| unweit *G* (nahe) | Er kommt aus einem kleinen Ort unweit der Grenze. |

**kausal**

| | |
|---|---|
| angesichts *G*<br>(ungefähre Bedeutung: unter Berücksichtigung von, wegen) | Angesichts der wachsenden Schwierigkeiten verlor er den Mut. |
| anlässlich *G*<br>(aus Anlass, zu dieser Gelegenheit) | Anlässlich seines 75. Geburtstages wurde Helmut Kohl die Ehrenbürgerwürde der Stadt Ludwigshafen verliehen. |
| aufgrund *G*<br>(ungefähr: wegen) | Aufgrund einer Korruptionsaffäre trat der Minister zurück. |

| | |
|---|---|
| dank *G/D*<br>(wegen, aber nur positiv!) | Dank des unermüdlichen Einsatzes der Hilfskräfte konnte die Gefahr gebannt werden. |
| infolge *G* | Infolge starker Schneefälle kam der Verkehr teilweise zum Erliegen. |
| halber *G*<br>(nachgestellt) | Der Vollständigkeit halber werden alle Namen genannt. (aus Gründen der Vollständigkeit ...) |

*aufgrund* und *infolge* sind meistens austauschbar; *aufgrund* betont den kausalen Aspekt (Was ist der Grund?), *infolge* betont die Konsequenzen.
*dank* betont im Unterschied zu *aufgrund* und *infolge*, dass es sich um etwas Positives handelt.

**Bei den folgenden Präpositionen ist die kausale Bedeutung schwach ausgeprägt:**

| | |
|---|---|
| zufolge *D*<br>(meistens nachgestellt) | Meinen Informationen zufolge (Nach meinen Informationen/Meinen Informationen nach) ist der Minister gegen eine Erhöhung der Steuern. |
| mangels *G*<br>(aus Mangel an: etwas fehlt) | Mangels geeigneter Räumlichkeiten kann der geplante Kongress hier nicht stattfinden. (Weil geeignete Räumlichkeiten fehlen ...) |
| um – willen *G* (im Interesse einer Person oder einer Sache) | Um ihres Zieles willen waren sie bereit, alle Schwierigkeiten auf sich zu nehmen. |
| zuliebe *D*<br>(nachgestellt) | Viele Frauen sind nicht bereit, ihrer Karriere zuliebe auf eine Familie zu verzichten. |
| kraft *G*<br>(durch die Autorität von; Amtssprache) | Kraft seines Amtes als Fraktionsvorsitzender setzte er seine Entscheidung durch. |
| laut *D*<br>(nach, gemäß, entsprechend) | Laut Artikel 3 des Grundgesetzes sind Mann und Frau gleichberechtigt. |

**final**

| | |
|---|---|
| zugunsten *G*<br>(zum Vorteil von) | Zugunsten seines Sohnes verzichtete er auf sein Erbe. |
| zwecks *G* | Zwecks Feststellung seiner Personalien wurde er auf die Polizeiwache gebracht. |

**konzessiv**

| | |
|---|---|
| ungeachtet *G*<br>(schriftsprachl. Synonym für trotz) | Ungeachtet zahlloser Beschwerden wurde die Verbindungsstraße nicht für den Durchgangsverkehr gesperrt. |

**adversativ**

| | |
|---|---|
| entgegen *D*<br>(im Gegensatz zu, im Widerspruch zu) | Entgegen allen Befürchtungen wurden die Steuern nicht erhöht. |
| wider *A*<br>(gegen, meist in bestimmten Verbindungen: wider Erwarten, wider Willen ...) | Wider Erwarten schied der als Nr. 1 platzierte Spieler schon in der ersten Runde aus. |

**instrumental/modal**

| | |
|---|---|
| abzüglich/zuzüglich *G* | Abzüglich der Lohnkosten bleibt nur wenig Spielraum für Gewinne. (Wenn man die Lohnkosten abzieht ...)<br>Die Preise verstehen sich zuzüglich der Versandkosten. (Die Versandkosten müssen zu den Preisen addiert werden) |
| anhand *G*/von | Anhand neu entdeckter Dokumente wurde der Fall nun anders bewertet. |
| bezüglich *G*<br>(in Bezug auf, wegen, über) | Bezüglich der Kosten muss noch verhandelt werden. |
| hinsichtlich *G*<br>(in Hinsicht auf, bezüglich) | Hinsichtlich der Realisierungsmöglichkeiten des Projekts bestehen große Meinungsverschiedenheiten. |
| entsprechend *D*<br>(auch nachgestellt) | Dem Vorschlag entsprechend/gemäß wurden die Bestimmungen abgeändert. |
| gemäß *D*<br>(meist nachgestellt) | Der Tote wurde seinem Wunsch gemäß in seinem Heimatort bestattet. |
| statt/anstatt/anstelle *G* | Statt/anstatt/anstelle des normalen Unterrichts wird heute in der Mediothek gearbeitet. |
| mittels *G*<br>mit Hilfe *G*/von | Mittels (mit Hilfe) eines Zweitschlüssels konnte die Tür geöffnet werden. |
| per *A*<br>(meist ohne Artikel) | Die Nachricht wurde per Fax übermittelt. |
| samt *D*<br>(zusammen mit) | Das Haus wurde samt allem Inventar versteigert. |
| seitens *G*<br>(von Seiten) | Seitens der Behörden ist bis jetzt nichts unternommen worden. |

**70** ***Bitte setzen Sie die Präpositionen „dank", „infolge" oder „zufolge" ein und ergänzen Sie gegebenenfalls die Endungen! Beachten Sie, dass mit „dank" nichts Negatives verbunden werden sollte, dass im Gegenteil diese Präposition das Positive besonders betont!***

1. Ein__ Gerücht ______________ wird der Minister zurücktreten.
2. _____ sein___ außerordentlichen Fleiß___ schloss er sein Studium in kürzester Zeit ab.
3. _________ ein___ schwer___ Herzleiden__ konnte er seinen Beruf nicht mehr ausüben.
4. ___________ staatlich___ Finanzierungshilfen konnte das kostspielige Projekt durchgeführt werden.
5. ____________ d___ ständig___ Klimawechsel___ litt seine Gesundheit.
6. _____________ ihr___ persönlich___ Engagement___ gelang es den Studenten, die Probleme zu lösen.
7. ___________ d___ Entfremdung des Menschen von seiner Arbeit entwickeln sich häufig Aggressionen.
8. Unbestätigt___ Meldungen ____________ ist bei dem Reaktorstörfall Radioaktivität ausgetreten.

**71** ***Bitte setzen Sie die folgenden Präpositionen ein und ergänzen Sie fehlende Endungen!***

anlässlich – aufgrund – entsprechend – halber – hinsichtlich – mittels/mit Hilfe – infolge – inmitten – innerhalb – um ... willen – unterhalb – wider

1. _______________ neuer Zeugenaussagen konnte der Vorfall schließlich geklärt werden.
2. Ich erwähne die Einzelheiten nur der Vollständigkeit _______________.
3. _______________ d___ Erfolg__ bin ich skeptisch.
4. ________ unser___ Freundschaft ___________ werde ich dich unterstützen.
5. Wir haben den Entwurf _______________ Ihr___ Änderungswünschen umgeschrieben.
6. _______________ Erwarten gewann er den Wettkampf.
7. _______________ d___ neu___ Kommunikationstechnik gelang es der Firma, ein weltweites Netzwerk aufzubauen.
8. ______________ d___ 250. Geburtstag____ von Mozart finden weltweit Feierlichkeiten statt.
9. _________________ d____ frühen Wintereinbruch___ kam es zu Versorgungsschwierigkeiten.
10. ______________ Europa__ werden die Grenzen abgebaut.
11. Der Mann befand sich _________________ ein__ erregten Menge, die ihn zu bedrohen schien.
12. Selbst in Deutschland leben zahlreiche Menschen ______________ d___ Armutsgrenze.

**72** ***Bitte setzen Sie die folgenden Präpositionen ein und ergänzen Sie fehlende Endungen!***

anlässlich – außerhalb – jenseits – infolge – innerhalb – ungeachtet

1. ______________ d___ Konjunkturabschwächung hatte die Firma hohe Verluste zu verzeichnen.
2. _________________ d___ Sperrbezirk___ wurde erhöhte Radioaktivität gemessen.
3. Der Peso gilt in Mexiko, aber nicht ________________ d___ mexikanischen Grenzen.
4. _________________ d___ Gebirge___ lag fruchtbares Ackerland.
5. ______________ _____ 60. Geburtstag___ von Professor Funk wurde ihm eine Festschrift gewidmet.
6. ________________ d___ Warnungen startete die unzureichend vorbereitete Expedition.
7. ______________ stark___ Schneefall__ kam es zu einem Verkehrschaos.

**Die Präpositionen *aus* und *vor* in kausalem Gebrauch**

**aus** bezeichnet den reflektierten, bewussten Grund:
*Aus Protest gegen die Haftbedingungen traten die Häftlinge in den Hungerstreik.*
Besonders wichtig: Warum? – **aus** diesem **Grund**, **aus** diesen **Gründen**.
In manchen Fällen wird **aus** durch das Adverb **heraus** verstärkt:
*Die Unterschlagung wurde* ***aus*** *einer Notlage* ***heraus*** *begangen.*

**vor (mit *D*)** bezeichnet die unkontrollierbare Ursache, die unwillkürliche Reaktion, und wird deshalb natürlich eher im umgangssprachlichen Bereich verwendet:
*Er zitterte* ***vor*** *Kälte.*

**73** ***aus oder vor?***

1. _________ Anlass des 50. Jubiläums wird eine Festschrift veröffentlicht.
2. Wir wissen ________ Erfahrung, dass Auswendiglernen wenig nützt.
3. Er wusste ________ lauter Arbeit nicht, wo ihm der Kopf stand.
4. ________ den folgenden Gründen muss ich das Angebot ablehnen: Erstens bin ich überlastet. Zweitens habe ich auf diesem Gebiet wenig Erfahrung. Drittens scheint mir die finanzielle Seite nicht attraktiv.
5. Er log _______ Furcht vor Strafe.
6. Er handelte _________ Überzeugung, Geld spielte dabei keine Rolle.
7. ________ verschiedenen Gründen trat er von dem Vorhaben zurück.

## VI.2 Einige zweiteilige Präpositionen

**auf ... hin**
*Auf* den Rat seines Arztes *hin* rauchte er nicht mehr.
(Der Rat des Arztes war der Anlass/der Grund dafür, dass er nicht mehr rauchte.)
*Auf* den Einspruch des Gerichtes *hin* musste die Angelegenheit noch einmal verhandelt werden.

**bis** wird oft mit anderen Präpositionen verbunden: **bis an, bis auf, bis unter, bis zu**
Er füllte das Glas *bis an* den Rand.
Das Stadion war *bis auf* den letzten Platz gefüllt. (Alle Plätze waren besetzt.)
*Aber:* Alle Gäste *bis auf* einen waren gekommen. (*Bis auf* bedeutet hier: mit Ausnahme von, d. h., einer war **nicht** gekommen.)
Bei der Katastrophe kamen *bis auf* zwei Kinder alle ums Leben.
(Zwei Kinder kamen nicht ums Leben.)
In diesem Teil der Antarktis fällt die Temperatur *bis unter* 55 Grad.
*Bis zu* diesem Zeitpunkt waren keine besonderen Ereignisse zu beobachten.
Die Grabungen reichten *bis zu* einer Tiefe von 20 m.
Er begleitete sie *bis zur* Haustür.

**über ... hinaus**
*Über* die bestehenden Gesetze *hinaus* sollen neue, schärfere Gesetze erlassen werden.

**um ... herum**
Die Kinder tanzten *um* den Lehrer *herum.*

**unter ... hindurch/über ... hinweg:**
Der Tunnel führt *unter* dem Fluss *hindurch.*
Die Brücke führt *über* den Fluss *hinweg.*

**um ... willen**
relativ selten, Schriftsprache; Bedeutung: ungefähr *wegen:*
*Um* der Gerechtigkeit *willen* muss ich sagen, dass ich mich geirrt habe.
*Um* der Kinder *willen* verzichtete sie auf manches.

Auch **von** wird oft mit anderen Präpositionen verbunden:

**von ... an**
*Von* Kindheit *an*/*Von* Jugend *an* musste er hart arbeiten.
Sie müssen *von* Anfang *an*/*von* der ersten Minute *an* arbeiten!

**von ... ab**
*Von* jetzt *ab*/*an* muss gespart werden.

**von ... aus**
*Vom* Flugzeug *aus* sind die Spuren antiker Siedlungen zu erkennen.
*Von* diesem Berg *aus* hat man einen herrlichen Blick auf den Fluss.

**von ... her**
Der Wind wehte *vom* Meer *her.*

**74** ***Bitte setzen Sie die richtige Präpositionenkombination ein!***

1. ____________ heute _______ wird gearbeitet.
2. Die Verwüstungen gingen _______ alles Vorstellbare ___________. (größer als)
3. __________ Geburt _________ kränkelte er.
4. ________ dem Fernsehturm __________ hat man bei gutem Wetter einen weiten Blick über die gesamte Region.
5. Der Saal war ________ ________ den letzten Platz gefüllt. (Alle Plätze waren besetzt.)
6. Im Rift Valley in Afrika steigen die Temperaturen _________ ____________ 50 Grad.
7. Alle Stimmberechtigten __________ _________ einen stimmten für den Entwurf. (Einer stimmte nicht dafür.)
8. _______ _______ einen kleinen Kreis von Eingeweihten wusste niemand von dem Plan. (Nur dieser kleine Kreis wusste von dem Plan.)
9. ________ die Stadt __________ führte eine Stadtmauer.
10. __________ den Protest des Verteidigers _______ wurde die Verhandlung unterbrochen.
11. Der halb Verhungerte aß alles _______ _________ den letzten Rest auf. (Es blieb nichts übrig.)
12. ________ deinen Rat ________ habe ich den ganzen Text noch einmal gründlich durchgelesen.
13. ________ seiner frühesten Jugend _________ war es sein Traum, den Weltraum zu erkunden.

## VI.3 Verben mit präpositionalem Objekt

**75** ***Hier finden Sie eine Auswahl von Verben mit Präpositionen: Ergänzen Sie die Präposition bzw. die Kontraktionsform mit dem Artikel (zum, zur ...) oder „da(r)" + Präposition!***

| | | |
|---|---|---|
| 1. | **abbringen *A* von** | Einige Berater versuchten vergeblich, den Präsidenten _____ seinen Angriffsplänen abzubringen. |
| 2. | **achten auf *A*** | Jeder Autofahrer muss ______ die Einhaltung der Geschwindigkeitsbegrenzungen achten. |
| 3. | **angewiesen sein auf *A*** | Auch eine Supermacht ist _____ Verbündete angewiesen. |
| 4. | **ankommen auf *A*** | Bei vielen Bewerbungstests kommt es _____ Schnelligkeit an. |
| 5. | **(s.) anpassen an *A*** | Die Pflanzen und Tiere der Hochalpen sind _____ extreme Witterungsverhältnisse angepasst. |
| 6. | **auffordern *A* zu** | Professor Kraus wurde (________) aufgefordert, die Eröffnungsrede zu halten. |
| 7. | **arbeiten an *D*** | Hoechst arbeitet _____ der Entwicklung eines Medikaments gegen Alzheimer. |

| | | |
|---|---|---|
| 8. | **aufmerksam machen *A* auf *A*** | In den siebziger Jahren haben spektakuläre Aktionen von Greenpeace die Weltöffentlichkeit _______ die Gefährdung der Umwelt aufmerksam gemacht. |
| 9. | **aufrufen *A* zu** | Die Bevölkerung wurde ______ Aktionen gegen Fremdenfeindlichkeit aufgerufen. |
| 10. | **s. auswirken auf *A*** | Die nur zögernd anlaufende Konjunktur wirkt sich noch nicht _____ d___ Arbeitsmarkt aus. |
| 11. | **(s.) befreien von** | Es fällt schwer, sich ______ fest verwurzelten Vorurteilen zu befreien. |
| 12. | **begrenzen *A* auf *A*** | Durch die Erweiterung des Entsendegesetzes versucht die Regierung, die negativen Auswirkungen der Freizügigkeit in Europa _____ ein Minimum zu begrenzen. |
| 13. | **begründen *A* mit** | Die Arbeitgeber begründen ihre Strategie _______ dem weltweit zunehmenden Konkurrenzdruck. |
| 14. | **beitragen zu** | Die Osterweiterung trägt _____ einer immer stärkeren Verunsicherung der Arbeitnehmer in Deutschland bei. |
| 15. | **s. bemühen um** | Wir müssen uns _______ ein friedliches Zusammenleben bemühen. |
| 16. | **benötigen *A* für/zu** | ________ die Ausstellung des Ausweises benötigen Sie ein Passbild./______ Ausstellung des Ausweises benötigen Sie ein Passbild. |
| 17. | **benutzen *A* für/zu** | Man benutzt diesen Stift _______ Folien. Man benutzt diesen Stift __________, auf Folien zu schreiben. |
| 18. | **berechtigen *A* zu** | Der Ausweis berechtigt den Schwerbehinderten ______ kostenlosen Benutzung der öffentlichen Verkehrsmittel. |
| 19. | **s. berufen auf *A*** | Der Theologe berief sich ______ die Lehrmeinung der Kirche. |
| 20. | **beruhen auf *D*** | Der Artikel beruht _______ sorgfältigen Recherchen des Journalisten. |
| 21. | **s. beschäftigen mit** | Seit seiner Pensionierung beschäftigt er sich oft ______ seinen Hobbys. |
| | *schriftsprachliches Synonym:* | |
| 22. | **s. befassen mit** | Professor Latif befasst sich schon seit langem _______ den Phänomenen der Klimaveränderung. |
| 23. | **s. beschränken auf *A*** | Das Buch beschränkt sich _______ die kommentarlose Darstellung der Tatsachen. |
| 24. | **bestehen auf *D*** | Ich bestehe _______ d___ Recht der freien Meinungsäußerung. |
| 25. | **bestehen aus/in** | (siehe Kapitel 11) |
| 26. | **s. beziehen auf *A*** | Ich beziehe mich _______ Ihr Schreiben vom 30.06. |
| 27. | **delegieren *A* an *A*** | Ein Chef muss Aufgaben ______ seine Mitarbeiter delegieren können. |

| | | |
|---|---|---|
| 28. | **dienen zu** | Der Apparat dient ______ Projektion von Folien. |
| 29. | **drohen *D* mit** | Man drohte ihm _______ Entlassung. |
| 30. | **s. eignen zu/für** | Dieses Holz eignet sich _______/_______ _______ Herstellung von Saiteninstrumenten. |
| 31. | **(s.) einfügen in *A*** | Das Einzelkind hatte Schwierigkeiten, sich ______ die Gruppe einzufügen. |
| 32. | **eingehen auf *A*** | Leider kann ich aus Zeitmangel nicht _______ Einzelheiten eingehen. |
| 33. | **s. einsetzen für** | Greenpeace setzt sich _______ Umweltschutz ein. |
| 34. | **einsetzen *A* zu** | ________ Bekämpfung von Schädlingen werden heute vermehrt biologische Wirkstoffe eingesetzt. |
| 35. | **eintreten für** | Amnesty International tritt _______ die Einhaltung der Menschenrechte ein. |
| 36. | **einteilen *A* in *A*** | Die Lebensmittelvorräte mussten _______ kleine Portionen eingeteilt werden. |
| 37. | **einverstanden sein mit** | Einige Mitglieder der Kommission waren ____ den Vorschlägen nicht einverstanden. |
| 38. | **s. entfernen von** | Vielen Politikern wird der Vorwurf gemacht, sie entfernten sich zu weit _____ der Realität. |
| 39. | **s. entscheiden für** | Oft fällt es schwer, sich ______ eine bestimmte Partei zu entscheiden. |
| 40. | **s. entschließen zu** | Nach langen Überlegungen entschloss er sich _______ Abbruch des Studiums. |
| 41. | **s. entwickeln zu** | Südkorea hat sich schnell ______ einem Hightech-Land entwickelt. |
| 42. | **s. ergeben aus** | _________ zahlreichen Untersuchungen hat sich ergeben, dass die kindliche Entwicklung nicht nur durch die Gene, sondern auch durch das soziale Umfeld bestimmt wird. |
| 43. | **s. erweisen als** | Das Projekt erwies sich ______ Flop. |
| 44. | **festhalten an *D*** | Auf dem Land halten die Menschen meistens länger ______ alten Überlieferungen und Gebräuchen fest als in der Stadt. |
| 45. | **folgern *A* aus** | Die Klimatologen folgerten _______ der ungewöhnlich starken Erwärmung des Pazifiks, dass wieder das Klimaphänomen „El Nino" zu erwarten ist. |
| 46. | **führen zu** | Ultraviolette Strahlung kann ______ Hautkrebs führen. (s. Ü. 39, 40) |
| 47. | **garantieren für** | Wir garantieren _______ die Qualität unserer Waren. |
| 48. | **s. gewöhnen an *A*** | Ich gewöhnte mich schnell _______ das Leben in den Tropen. |
| 49. | **glauben an *A*** | Statistischen Angaben zufolge glauben 74 % der Westdeutschen ______ einen Gott. |

| | |
|---|---|
| 50. **gliedern *A* in *A*** | Das Buch ist ______ 10 Kapitel gegliedert. |
| 51. **grenzen an *A*** | Die Bundesrepublik grenzt im Norden ________ Dänemark. |
| 52. **s. halten an *A*** | Der Geschäftspartner hat sich nicht ______ die Vereinbarungen gehalten. |
| 53. **halten *A* für/halten von** | (s. Ü. 10) |
| 54. **hinweisen *A* auf *A*** | Der Arzt muss den Patienten bei einer Behandlung ___ mögliche Risiken hinweisen. |
| 55. **hinzufügen *A* zu** | Man muss ______ der Endsumme noch den Betrag für die Mehrwertsteuer hinzufügen. |
| [56. **hinzufügen *D, A*** | Ich habe meinen Aussagen nichts hinzuzufügen.] |
| 57. **hinzukommen zu** | Bei einer Krebserkrankung kommen _______ den körperlichen Belastungen noch verstärkt seelische Belastungen hinzu. |
| 58. **(s.) identifizieren mit** | Er trat aus der Partei aus, denn er konnte sich nicht mehr _____ ihren Ideen identifizieren. |
| 59. **investieren in *A*** | Deutschland muss mehr ______ Bildung investieren. |
| 60. **(s.) integrieren in *A*** | Die Regierung unternimmt verstärkt Anstrengungen, die ausländischen Mitbürger _____ die Gesellschaft zu integrieren. |
| 61. **kämpfen für/gegen/um** | _____ die Verwirklichung der Gleichberechtigung wird immer noch gekämpft.<br>An der Westfront kämpften Deutsche __________ Franzosen.<br>______ Stalingrad wurde erbittert gekämpft. |
| 62. **es kommt zu** | In Ostasien kommt es immer wieder ____ Überschwemmungen, die viele Menschenleben kosten. |
| 63. **konfrontieren *A* mit** | Wir sind heute ständig _______ einer Flut von Informationen konfrontiert. |
| 64. **leiden an *D*** (s. Übung 99) | Heute leiden viele Menschen ______ Allergien. |
| 65. **leiden unter *D*** (s. Übung 99) | Minderheiten hatten ___________ starkem politischem Druck zu leiden. |
| 66. **lernen von** | Man kann _________ den Eskimos lernen, in Schnee und Eis zu überleben. |
| 67. **neigen (tendieren) zu** | Politiker neigen ___________, Gefahren zu verharmlosen. |
| 68. **profitieren von** | Nicht alle Länder profitieren _____ der Globalisierung. |
| 69. **protestieren gegen** | Klinikärzte protestierten ___________ die Verlängerung ihrer Arbeitszeit. |
| 70. **raten *D* zu** | Mein Professor hat mir ________ diesem Dissertationsthema geraten. |

*und das Gegenteil*

| | |
|---|---|
| 71. **abraten von** | Das Auswärtige Amt hat ________ Reisen in das Krisengebiet abgeraten. |
| 72. **reagieren auf *A*** | Die Kultusminister haben ____ die Resultate der Pisa-Studie mit Reformplänen reagiert. |
| 73. **reduzieren *A* auf *A*** | Die Firma muss ihre Ausgaben _______ ein Minimum reduzieren. (Endzustand) |
| 74. **reduzieren *A* um** | Die Firma muss ihre Ausgaben _______ ein Viertel reduzieren. (Veränderung) |
| 75. **resultieren aus** | ______ den gestiegenen Kosten resultierte, dass die Rationalisierungsmaßnahmen verstärkt werden mussten. |
| 76. **s. richten nach** | Die Preise richten sich __________ dem Verhältnis von Angebot und Nachfrage. |
| 77. **(s.) richten gegen** | Die Vorwürfe des Ministers richteten sich __________ die Arbeitgeber. |
| 78. **schließen aus** | (siehe *folgern aus*) |
| 79. **setzen auf *A*** | Die Partei setzt im Wahlkampf _________ die Zugkraft ihrer Argumente. |
| 80. **sorgen für** | Der Lehrer sollte ________ sorgen, dass der Unterricht störungsfrei durchgeführt werden kann. |
| 81. **s. sorgen um** | Die Mehrheit der Deutschen sorgt sich heute _______ ihre Arbeitsplätze. (s. Übung 106) |
| 82. **spielen mit** | Er spielte ________ dem Gedanken, die Firma zu verkaufen. |
| 83. **stammen aus** | Die Dokumente stammen ________ dem 15. Jahrhundert. |
| 84. **streben nach** | Viele Politiker streben in erster Linie ________ Macht. |
| 85. **s. stützen auf *A*** | Seine Theorie stützt sich _______ umfangreiche Untersuchungen. |
| 86. **suchen nach** | Man suchte vergeblich __________ Überlebenden. |
| 87. **übereinstimmen mit** | Unsere Handlungen sollten _________ unseren Worten übereinstimmen. |
| 88. **übergreifen auf *A*** | Die Feuerwehr konnte verhindern, dass das Feuer ____ die benachbarten Häuser übergriff. |
| 89. **überreden *A* zu** | Wer hat Sie _______ diesem Unsinn überredet? |
| 90. **übertragen *A* auf *A*** | Viele Ergebnisse von Tierversuchen lassen sich nicht ______ den Menschen übertragen. |
| 91. **übertragen *A* in *A*** | Der Roman wurde _______ Englische übertragen. |
| 92. **überzeugen *A* von** | Die Regierung konnte die Bevölkerung nicht _____ der Notwendigkeit des Krieges überzeugen. |
| 93. **verarbeiten *A* zu** | Eisenerz wird _______ Stahl verarbeitet. |

| | |
|---|---|
| 94. **verbinden *A* mit** | Die Erinnerungen an meine Kindheit sind ____ schneereichen Wintern verbunden. |
| 95. **verfügen über *A*** | Viele Ältere verfügen __________ einen reichen Schatz an Erfahrungen. |
| 96. **s. verlassen auf *A*** | ________ die Aussagen von Statistiken kann man sich nicht so ohne weiteres verlassen. |
| 97. **verpflichten *A* zu** | Ein Arzt ist ______ Erhaltung des Lebens verpflichtet. |
| 98. **versorgen *A* mit** | Die Bevölkerung muss ausreichend ______ Wasser versorgt werden. |
| 99. **verwandeln *A* in *A*** | Die Alchimisten des Mittelalters suchten nach einem Stoff, den man _____ Gold verwandeln könnte. |
| 100. **verwechseln *A* mit** | Man darf Bevormundung nicht _______ Fürsorge verwechseln. |
| 101. **verweisen *A* auf *A*** | In seinem Vorwort verweist der Autor ______ die ausführliche Quellenangabe im Anhang. |
| 102. **verzichten auf *A*** | Heute ist es für viele unvorstellbar, _________ Fernsehen zu verzichten. |
| 103. **vorgehen gegen** | Der Staat will schärfer __________ die organisierte Kriminalität vorgehen. |
| 104. **wählen *A* zu** | Adenauer wurde mit einer Stimme Mehrheit ________ ersten Kanzler der Bundesrepublik Deutschland gewählt. |
| 105. **warnen *A* vor *D*** | Das Gesundheitsministerium warnt die Bevölkerung ____ den Gefahren des Rauchens. |
| 106. **s. wehren gegen** | Der Staatssekretär wehrt sich __________ den Vorwurf der Bestechlichkeit. |
| 107. **s. wenden an *A*** | Wenden Sie sich ________ die zuständige Behörde! |
| 108. **wirken auf *A*** | Manche sog. Reality-Shows im Fernsehen wirken _____ viele Zuschauer eher abstoßend. |
| 109. **zurückführen auf *A*** | Der Arzt führte die Erkrankung ______ falsche Ernährung zurück. (s. Ü. 41) |
| | Viele Verkehrsunfälle sind ______ überhöhte Geschwindigkeit zurückzuführen. |
| 110. **zurückgehen auf *A*** | Viele Osterbräuche gehen _______ vorchristliche Überlieferungen zurück. |
| 111. **s. zusammensetzen aus** | Das Kabinett setzt sich _______ den Ministern und dem Regierungschef zusammen. |
| 112. **zweifeln an *D*** | Niemand zweifelte _____ der Integrität des Ministers. |
| 113. **zwingen *A* zu** | Man zwang ihn ______ einem Geständnis. |

Übungen zu reflexiven Verben mit Präpositionen finden Sie auch im Kapitel IV.

# VII. Wortfamilien

Hier finden Sie eine kleine Auswahl von Wortfamilien (Gruppen verwandter Wörter). Es handelt sich meistens um Wörter mit Umlauten, deren Verwandtschaft deshalb manchmal nicht so leicht zu erkennen ist. Wenn Sie Schwierigkeiten haben, können Sie die Lösungen durchlesen und dann die Übung noch einmal machen!

76 ***Bitte geben Sie Artikel und Plural an, suchen Sie zugehörige Adjektive, Komparativformen, Nomen oder Verben!***

*Beispiel:*
**tun:** Nomen: e Tat, -en; e Tätigkeit, -en; Adjektiv: tätig

1. **Gefahr**: Artikel? ________; Adjektiv? ________________; Verb? ______________
   Wie heißt das zum Verb gebildete Nomen? ________________________
2. **Wasser**: zwei Verben mit untrennbaren Präfixen, das eine positiv, das andere negativ:
   ________________, ____________________
   Nomen zu den Verben: ____________________, ____________________
3. **Last**: Artikel? ________; Zwei Verben mit untrennbaren Präfixen, das eine positiv, das andere negativ: ____________________, ____________________; Adjektiv: ______________
4. **hoch**: Komparativ: ____________; Nomen: ________________; Verb: __________________
5. **kalt**: Komparativ: __________; Nomen: __________; reflexives Verb: ____________________
6. **warm**: Komparativ: ______________; Nomen: ________________;
   2 Verben, eins ohne Präfix: ______________, eins mit Präfix: __________________
7. **scharf**: Komparativ: ______________; Nomen:____________; 3 Verben, zwei davon mit untrennbaren Präfixen: __________________, ____________________, __________________
8. **schaden**: Nomen (mit Plural!): ________________, ________________;
   Adjektiv: __________________; Verben: ____________________, __________________;
   Gegenteil des Verbs mit Umlaut: ____________________
9. **Schutz**: Artikel: ________; Verb: ____________; Nomen für die Person als Kompositum mit Umwelt- oder Natur-: ____________________________, ____________________________
10. **Grund**: Artikel und Plural: ________, ____________; Verb: ____________;
    Verb mit untrennbarem Präfix: ____________________
11. **Flucht**: Artikel: _______; Verb: ________________; Nomen für die Person: ____________
12. **Wahl**: Artikel: ______; Verb: _______________; Nomen für die Person: ________________
13. **Volk**: Artikel und Plural: __________, ____________; 2 Verben mit untrennbarem Präfix, eins positiv, das andere negativ: ____________________, __________________
14. **geben**: Nomen: ________; Nomen für die Person als Kompositum mit Arbeit-: ________
15. **greifen** (gr**i**ff, gegr**i**ffen) Nomen: __________; Verb mit trennbarem Präfix: an________;
    Nomen dazu: ________________; Verb mit untrennbarem Präfix: be__________________;
    Nomen dazu: __________________

16. **fließen**: Nomen (Artikel und Plural): ________, ________; Adjektiv: ____________________;
Nomen zum Adjektiv: ______________

17. **klingen** (klang, geklungen): Nomen (Artikel und Plural): ___________, ______________

18. **messen** (misst, maß, gemessen): Nomen: _________; Adjektiv (mit Suffix): ___________

19. **schneiden** (schneidet, schnitt, geschnitten): Nomen: ___________; häufig gebrauchte Zusammensetzung: Durch__________; Adjektiv hierzu: ____________________

20. **sprechen** (spricht, sprach, gesprochen): Nomen: ___________; Adjektiv: ___________

21. **verstehen** (verstand, verstanden): 3 Nomen: ___________, ___________, ___________;
Adjektiv: ______________; Gegenteil des Adjektivs: ______________

22. **ertragen** (erträgt, ertrug, ertragen): Nomen (Artikel und Plural!): ________, ________;
Adjektiv: ______________; Gegenteil des Adjektivs: ____________________

23. **trinken** (trank, getrunken): Nomen: ______________

77 ***Ergänzen Sie die Sätze mit Wörtern aus der jeweiligen Wortfamilie!***
***Wenn Sie Schwierigkeiten haben, können Sie die Lösungen zu Hilfe nehmen.***

1. tun: Diese _________________ erfordert hohe Konzentration.
Der Angeklagte soll die __________ im Affekt begangen haben.

2. Gefahr: Die __________________ der Verkehrsteilnehmer durch Raser auf der Autobahn hat zugenommen.
Rücksichtsloses Fahrverhalten _________________ alle.

3. Wasser: Ohne _________________ wären viele Gebiete Wüsten.
In den letzten Jahrzehnten wurden fast alle Feuchtgebiete in Deutschland ________________.

4. Last: Die meisten Schüler finden Hausaufgaben _______________.
Die Familie des Opfers wurde durch aufdringliche Journalisten _______________.
Dadurch, dass mehr Kindergärten eingerichtet werden, will man die Mütter ________________.

5. warm: Die Erdoberfläche wird durch die Sonne ________________.

6. scharf: Die _____________ seiner Formulierungen wirkte manchmal verletzend.
Durch das Attentat hat sich die Lage ______________, aber es gibt viele Bemühungen, sie wieder zu __________________.

7. schaden: Es wird noch lange dauern, bis die durch den Tsunami verursachten _______ beseitigt sind.
Übermäßiger Alkoholkonsum ______________ die Gesundheit.
Die Aktivitäten der Rechtsextremisten ______________ dem Ansehen Deutschlands.
Nach der Wende wurden die von der DDR enteigneten Grundbesitzer ____.

8. Schutz: Die Umwelt______________ haben es sich zur Aufgabe gemacht, unsere bedrohte Umwelt zu ________________.

9. Grund: Aus welchen ______________ er handelte, blieb unklar.

Wenn man eine Firma ______________ will, braucht man ein gewisses Anfangskapital.

Bitte ______________ Sie Ihre Meinung!

10. Flucht: Während und nach dem Zweiten Weltkrieg mussten viele Menschen aus ihrer Heimat in andere Gebiete ______________, sie wurden zu ___________.

11. Wahl: Soll man schon ab 16 Jahren ______________ dürfen?

Oft sind kurz vor einer _________ noch viele ____________ unentschlossen.

12. Volk: Im frühen Mittelalter verließen viele germanische _________ ihr bisheriges Siedlungsgebiet und zogen nach Süden und Westen.

Durch Krieg und Bürgerkrieg wurde das Land ______________.

Hitler wollte Osteuropa mit Ariern _______________.

13. geben: Die deutschen _______________ sind durch ihre hohen Gehälter in die Kritik geraten.

Die Entwicklungsländer wollen keine milden ____________, sondern die effektive Unterstützung ihrer Eigeninitiativen.

14. greifen: Der ___________ nach der Macht ist für viele eine unwiderstehliche Versuchung.

Den Politikern fällt es oft schwer, die wirklichen Ängste und Nöte der Bevölkerung zu ______________.

„Empathie“ ist ein ____________ der Psychologie.

15. klingen: „Made in Germany“ hat für viele immer noch einen guten ______________.

16. messen: Viele meinen auch heute noch, der Mensch sei das __________ aller Dinge.

Es wurde keine _______________ Radioaktivität festgestellt.

17. schneiden: Im ______________________ werden die Deutschen 78 Jahre alt: Das ist die ____________________ Lebenserwartung.

18. sprechen: Die __________________ Ausdrucksfähigkeit eines Kleinkindes ist begrenzt.

Türkisch ist eine agglutinierende _______________.

19. verstehen: In der Pisa-Studie wurde festgestellt, dass die deutschen Schüler Schwierigkeiten beim __________________ von Lesetexten haben.

Beim Lösen mathematischer Aufgaben ist der ___________ gefordert, nicht das Gefühl.

20. ertragen: Für viele Europäer ist die feuchte Hitze der Tropen __________________.

Durch Düngung können die _______________ in der Landwirtschaft erhöht werden.

Wer Folter und Demütigung _______________ musste, kann leicht dazu bewogen werden, Rache zu nehmen.

21. trinken: Kalte _____________ finden Sie in unserer Mini-Bar.

# VIII. Einige häufig verwendete Adjektive, Adverbien und adverbiale Ausdrücke

## viel und wenig

### Verbindung mit Artikeln

Viel/wenig werden ohne Artikel, aber auch mit dem bestimmten Artikel gebraucht:
*viel Erfolg, viele Erfolge; das viele Geld, das sie für ihn ausgab; die vielen Besucher, die die Vorstellung sahen.*
Der unbestimmte Artikel ist nur bei *wenig* möglich, immer ohne Endung:
*ein wenig (= ein bisschen) Glück; mit ein wenig Glück.*

### Die Endungen

*Viel* und *wenig* haben Endungen wie ein Adjektiv, **aber vor einem Substantiv ohne Artikel im Singular werden *viel* und *wenig* fast immer ohne Endung gebraucht.**
***Viel Geld*** *macht nicht immer glücklich.*
*In diesem Jahr ist* ***viel Regen*** *gefallen.*
***Mit viel Glück*** *schaffte er die Prüfung.*

▶ ***Ausnahme****: viel***en** *Dank*

**Aber mit Artikel bzw. Possessivpronomen:**
*Das viel***e** *Geld …*
*Mit seinem viel***en** *Geld …*

Die Pluralformen *viele* und *wenige* werden dekliniert:
*N/A*: viele Fragen, *D*: nach vielen Fragen
*Wenig* hat auch im Plural manchmal keine Endung: Er hatte wenig/wenige Zuhörer.

78 ***Bitte ergänzen Sie die richtigen Formen von viel oder wenig!***

1. Sie hat __________ Geld (das freut sie), aber nur __________ Urlaub.
2. Man lobte sie wegen der __________ Fehler.
3. Jeder sieht die __________ Vorteile.
4. Was kann er mit dem __________ Geld anfangen?
5. Ein Auto kostet __________ Geld und braucht __________ Platz.
6. Er verdient __________, aber er macht immer wieder teure Reisen.
7. Man braucht __________ Glück und gute Noten, um die Lehrstelle zu bekommen, die man haben möchte.
8. __________ Zusagen gelten nur für ein Semester.
9. Sie hat in der Schule __________ Englisch, aber nur __________ Deutsch gelernt.
10. Für diesen Versuch war __________ Zeit erforderlich.
11. Die Aussprache __________ Anfänger ist nicht korrekt.
12. Das __________ Geld nützte ihr nichts.

## Einige wichtige Synonyme

**79** ***Bitte suchen Sie Synonyme! Machen Sie danach mit Hilfe der Lösungen die Übungen noch einmal umgekehrt!***

*Beispiel:*
grundsätzlich ↔ prinzipiell

1. allerdings ____________________
2. freilich ____________________
3. allmählich ____________________
4. ausführlich ____________________
5. äußerst ____________________
6. bedeutend ____________________
7. beinahe ____________________
8. bereits ____________________
9. demnächst ____________________
10. derzeit ____________________
11. ebenfalls ____________________
12. enorm ____________________
13. etwa ____________________
14. etwas ____________________
15. gelegentlich ____________________
16. generell ____________________
17. grundsätzlich ____________________
18. häufig ____________________
19. hauptsächlich ____________________
20. immer mehr ____________________
21. jedoch ____________________
22. knapp ____________________
23. kaum ____________________
24. konstant ____________________
25. künftig ____________________
26. lediglich ____________________
27. in erster Linie ____________________
28. nach und nach ____________________
29. nach wie vor ____________________
30. in der Regel ____________________
31. riesig ____________________
32. ständig ____________________
33. total ____________________
34. traditionell ____________________
35. umgekehrt ____________________
36. völlig ____________________
37. vor allem ____________________
38. wesentlich ____________________
39. zunehmend ____________________
40. zurzeit ____________________

Hier noch einige Wörter, für die sich nicht so leicht ein Synonym finden lässt:
Jemand ist **anwesend**: Er ist da. Gegenteil: **abwesend**.
**betreffend** (sich auf etwas beziehend):
die diesen Fall *betreffende* Regel; das *betreffende* Gesetz.
sich auf j-n/etwas beziehend, das bereits bekannt ist oder erwähnt wurde:
Sie konnte das *betreffende* Wort nicht im Wörterbuch finden.
Verbunden mit einem Nomen: *im Hinblick auf, bezüglich*: Ihre Anfrage *betreffend* ...
**vorhanden** (etwas ist da):
Die *vorhandenen* Karten waren schnell vergriffen. – Es sind keine Reserven mehr *vorhanden*.
**praktisch** (+ Adjektiv, ungefähre Bedeutung: fast):
Dieses Verfahren ist *praktisch unbekannt*. – Sie macht *praktisch* alles.
**vielmehr** (im Gegenteil):
Ich kann nicht zustimmen, *vielmehr* bin ich der Meinung, dass man das Projekt nicht weiter verfolgen sollte.

# IX. Fremdwörter

In der deutschen Sprache gibt es sehr viele Wörter, die aus anderen Sprachen kommen, besonders aus dem Lateinischen und dem Griechischen. Hier kann nur eine ganz kleine Auswahl aufgeführt werden, vielleicht auch als Anregung, selbst weitere Fremdwörter und deren Gebrauch zu notieren.
Vor allem aber sollen die Liste und die damit verbundenen Übungen dazu führen, dass Ihnen diese Wörter vertrauter werden.
Vielleicht kennen Sie einige schon aus Ihrer Muttersprache, aber Vorsicht: Orthographie, Artikel usw. sind auf Deutsch oft anders!

80 ***Notieren Sie bitte bei den Nomen Artikel und, wenn gebräuchlich, Plural, gegebenenfalls auch das dazugehörige Adjektiv oder Verb (reflexiv? mit Präposition?), ein Synonym, das Gegenteil. Aber denken Sie auch daran, dass Sie die Zahl der neu zu lernenden Wörter beschränken müssen!***

| | |
|---|---|
| **abstrakt** (Gegenteil konkret): | „Wahrheit" ist ein abstrakter Begriff, ein Apfel ist etwas Konkretes. Manche Politiker haben keine konkreten Vorstellungen davon, wie ihre Pläne zu realisieren sind. |
| **absolut** | 30 Grad minus am 7. März: Das war ein absoluter Rekord. |
| **Agenda** | Verhandlungsprogramm, Programm einer Konferenz: Die Agenda 2010 ist ein Programm der Bundesregierung. |
| **Aktivität** | Die Partei entfaltete vielfältige Aktivitäten auf dem Gebiet des Umweltschutzes. |
| **aktuell** | Die Medien berichten über aktuelle Themen. |
| **akzeptieren** | Ich akzeptiere deinen Vorschlag nicht. |
| **Allianz** | Gewerkschaften und Unternehmer planen eine Allianz zur Schaffung von Lehrstellen. |
| **Alternative** | Wir brauchen Alternativen zu den fossilen Brennstoffen. |
| **Altruismus** | In der Wirtschaft ist Altruismus meist nicht gefragt. (Gegenteil: ____________, Adjektive: ____________, ____________) |
| **Analogie** | Man fürchtet, dass es **in Analogie** zu der Situation um 1930 im Zusammenhang mit der hohen Arbeitslosigkeit wieder zu einem Rechtsruck kommen könnte. (Adjektiv: ____________) |
| **Analyse** | Die chemische Analyse der Substanz war schwierig. (Verb: ____________) |
| **Argument** | Sie müssen Ihre Meinung mit entsprechenden Argumenten begründen. (Verb: ____________) |
| **Aspekt** | Bei einer schweren Erkrankung sind sowohl körperliche als auch seelische Aspekte zu berücksichtigen. |
| **Atmosphäre** | Unsere Atmosphäre wirkt wie die Glasscheiben eines Treibhauses. |
| **automatisch** | Im Falle eines Brandes schaltet sich der Apparat automatisch ab. |

| | |
|---|---|
| **Basis** | Als Basis für Spezialisierung ist ein gutes Allgemeinwissen erforderlich. (Synonym: ____________________) |
| **Bürokratie** | Die deutschen Unternehmer fordern einen Abbau der Bürokratie. (Adjektiv: ____________________) |
| **Charakteristikum** | kennzeichnendes Merkmal: Die Globalisierung ist ein Charakteristikum der modernen Wirtschaft. (Verb: ____________________) |
| **Daten** | Die Daten sind auf der Festplatte gespeichert. |
| **Definition** | Eine Definition ist die genaue Erklärung eines Begriffs. (Verb: ____________________) |
| **Defizit** | Manche Studenten haben Defizite in ihren Grammatikkenntnissen. |
| **Delegation** | Gruppe von Personen, die – z. B. auf einer Konferenz – die Interessen einer Organisation oder einer Regierung vertritt: Eine Delegation aus China besuchte die Mannheimer Universität. |
| **Detail** | Über die Details sprechen wir erst, wenn das Projekt als Ganzes geklärt ist. (Synonym: ____________________) |
| **Diktatur** | Unter Hitler war Deutschland eine Diktatur. (Nomen für die Person: der D____________________) |
| **Effizienz** | Bevor das neue Verfahren angewendet wird, muss seine Effizienz geprüft werden. (Adjektiv: ____________________) |
| **Emotion** | Positive und negative Emotionen haben einen starken Einfluss auf unser Leben. (Synonym: ____________________) |
| **Evolution** | Darwin begründete die Lehre von der Evolution der Arten. (Synonym: ____________________) |
| **Existenz** | Durch die Arbeitslosigkeit sind viele Existenzen bedroht. (Verb: ____________________) |
| **Experiment** | In Deutschland ist es verboten, Experimente mit Embryonen durchzuführen. (Synonym: ____________________; Verb: ____________________) |
| **Faktor** | Viele verschiedene Faktoren haben zur Veränderung des Klimas beigetragen. |
| **Flexibilität** | Von den Arbeitnehmern wird heute Flexibilität gefordert. (Adjektiv: ____________________) |
| **Funktion** | (ungefähr: Rolle) Was ist die Funktion dieses Apparats, wozu dient er? |
| **Generation** | alle Menschen, die ungefähr gleich alt sind: Man spricht heute oft von dem Konflikt der Generationen. |
| **generell** | Eine generelle Abschaffung der Ladenöffnungszeiten ist nicht geplant. (Synonym: ____________________) |
| **Globalisierung** | die weltweite Vernetzung der Wirtschaft: Bei der Globalisierung gibt es Gewinner, aber auch viele Verlierer. |
| **ignorieren** | nicht beachten: Es ist gefährlich, Anzeichen sozialer Spannungen zu ignorieren. |

| | |
|---|---|
| **Illusion** | falsche, meist zu optimistische Vorstellung: Diese Idee ist nicht zu verwirklichen, sie ist eine Illusion. |
| **Individuum** | Jeder Mensch ist ein Individuum mit individuellen Bedürfnissen und Wünschen. (Adjektiv: ________________) |
| **Infektion** | Infolge einer Infektion verschlechterte sich sein Gesundheitszustand dramatisch. (Verb: ________________) |
| **Inflation** | In Deutschland kann man zurzeit nicht von einer Inflation sprechen: Der Preisanstieg beträgt weniger als 2%. |
| **Industrialisierung** | Das Ende des 19., der Anfang des 20. Jahrhunderts war in Mitteleuropa die Zeit der Industrialisierung. |
| **Integration** | Die Regierung versucht, die Integration der ausländischen Arbeitnehmer zu fördern. (Verb: ________________) |
| **intensiv** | Um Fortschritte zu erzielen, muss man sich intensiv mit der Materie befassen. |
| **Investition** | Die Regierung will Anreize für mehr Investitionen geben. (Verb: ________________) |
| **Kapital** | Wenn man eine Firma gründen will, muss man über ein gewisses Anfangskapital verfügen. |
| **Kombination** | Die Kombination von Unwissenheit und Armut ist ein gefährlicher Sprengstoff. (Verb: ________________) |
| **Kommunikation** | Durch Kommunikation können Missverständnisse ausgeräumt werden. (Verb: ________________) |
| **Kompetenz** | Soziale Kompetenz bedeutet Kommunikationsfähigkeit. (Adjektiv: ________________; Gegenteil: ________________) |
| **kompliziert** | Nur wenige Wissenschaftler sind fähig, komplizierte Sachverhalte allgemeinverständlich auszudrücken. (Synonym: ________________) |
| **Kompromiss** | Ein Kompromiss ist die Einigung bei Verhandlungen oder bei einem Streit, wobei jeder der Partner einen Teil der Forderungen des anderen akzeptiert: In der Politik muss man bereit sein, Kompromisse zu schließen. |
| **Konkurrenz** | Durch die Globalisierung hat die Konkurrenz auf dem Weltmarkt stark zugenommen. (Verb: ________________) |
| **Konsequenz** | Wenn man sich auf ein gewagtes Unternehmen einlässt, muss man auch bereit sein, die Konsequenzen zu akzeptieren. (Synonym: ________________) |
| **Konsum** | Der Konsum von Fleisch ist zurückgegangen. (Nomen für die Person: der K________________; Verb: ________________; Synonyme: ________________, ________________, ________________) |
| **Kontakt** | Es gelang, Kontakt zu den Entführern aufzunehmen. (Verb: ________________) |

**Konzentration** Bei einer Operation ist seitens des Chirurgen höchste Konzentration erforderlich. (Verb: ______ ________________ ______)

**Kooperation** Zwischen den Universitäten und der Wirtschaft ist mehr Kooperation erforderlich. (Synonym: ______________; Verb: ____________ _____)

**Konzept** Die Opposition wirft der Regierung vor, sie habe kein Konzept zur Bekämpfung der Arbeitslosigkeit.

**Korruption** Transparency International ist eine Organisation, die weltweit gegen Korruption vorgeht. (Adjektiv: ________________)

**kreativ** Künstler sind kreative Menschen. (Nomen: ________________)

**Kriterium** Es gibt bestimmte Kriterien, nach denen die Lebensqualität beurteilt wird.

**Management** Das Management großer Konzerne erfordert höchste Kompetenz im Bereich der Wirtschaft. (Person: der M________________)

**Manipulation** Durch Manipulation der Daten wurde ein besseres Ergebnis vorgetäuscht. (Verb: ________________)

**Methode** Es gibt keine für alle gültige Methode zur Aneignung neuer Wörter.

**Motiv** Das Motiv dieses Verbrechens war Eifersucht. (Verb: ______________)

**neutral** Auch im zweiten Weltkrieg blieb die Schweiz neutral.
(Nomen: ______________)

**Niveau** Oxford und Cambridge gehören international zu den Universitäten mit dem höchsten Niveau.

**objektiv** Die Medien sollten zwischen objektiver Berichterstattung und subjektiver Stellungnahme trennen.
(Nomen: ________________; Gegenteil: ________________)

**Ökologie** Die Ökologie ist die Wissenschaft von den Wechselbeziehungen zwischen den Lebewesen und ihrer Umwelt. (Adjektiv: ______________)

**Ökonomie** Die Entwicklung der Ökonomie hat in vielen Ländern Vorrang vor der politischen Entwicklung.
(Adjektiv: ________________; Synonym: ________________)

**optimal** Wir versuchen, die vorhandenen Ressourcen optimal (bestmöglich) zu nutzen.

**Perspektive** Allen Jugendlichen müssen Perspektiven für die Zukunft eröffnet werden. (Synonym: ________________)

**Phänomen** Ein Tornado ist ein meteorologisches Phänomen.
(Synonym: ________________)

**Phantasie** Um Neues zu entdecken, sind Wissen und Phantasie erforderlich.

**Phase** Beim Schlaf sind verschiedene Phasen zu unterscheiden.
(Synonym: ________________)

**potenziell** Man muss potenziellen Gefahren rechtzeitig begegnen.
(Synonym: ______________; Nomen: ______________)

| | |
|---|---|
| **Prestige** | Ein akademischer Titel verleiht Prestige. |
| **Prinzip** | Hier herrscht das Prinzip der Gleichberechtigung.<br>(Synonym: ____________; Adjektiv: ______________) |
| **Privileg** | Die Privilegien der Beamten in Deutschland sollen reduziert werden.<br>(Adjektiv = Partizip II des Verbs: _________________) |
| **Problem** | Ein Leben im Ausland bringt viele Probleme mit sich. |
| **Problematik** | In Deutschland muss man sich mit der Problematik einer alternden Gesellschaft auseinandersetzen. (Adjektiv: ________________) |
| **Produkt** | Neue Produkte sollen auf den Markt kommen.<br>(Synonym: ________________) |
| **Produktion** | Der Streik legte die gesamte Produktion lahm.<br>(Verb: ________________) |
| **Produktivität** | Motivation steigert die Produktivität. |
| **Profit** | Das oberste Ziel der Firma ist die Erzielung hoher Profite.<br>(Synonym: ; Verb: ________________) |
| **Prognose** | Zukunftsprognosen sind immer mit vielen Unsicherheitsfaktoren belastet. (Synonym: ________________) |
| **Projekt** | Deutschland will Wiederaufbauprojekte in den vom Tsunami heimgesuchten Gebieten unterstützen. |
| **Protest** | Der Protest der Gewerkschaften richtet sich in erster Linie gegen den Abbau von Arbeitsplätzen. (Verb: ______________) |
| **Prozess** | Integration ist ein langwieriger Prozess. |
| **Psyche** | Sigmund Freud erforschte die Psyche.<br>(Synonym: ________________; Adjektiv: ________________) |
| **Qualität – Quantität** | Die deutschen Winzer achten heute mehr auf Qualität als auf Quantität. |
| **radikal** | Nach dem 11. September forderte man radikale Maßnahmen gegen jede Form von Terrorismus. |
| **Reaktion** | Durch schnelle Reaktionen der Verantwortlichen konnten die Folgen der Überschwemmungen in Grenzen gehalten werden.<br>(Verb: ________________) |
| **Region** | Der Norden von Sumatra ist die am stärksten von dem Tsunami betroffene Region. (Synonym: ______________) |
| **regenerativ** | Regenerative Energien spielen im Energiehaushalt der Zukunft eine ausschlaggebende Rolle.<br>(Synonym: __________________; Nomen: ______________) |
| **relevant** | Wir müssen uns auf die relevanten Aspekte beschränken.<br>(Synonym: ________________) |

| | |
|---|---|
| **Ressource** | Wir müssen die natürlichen Ressourcen schonen, denn viele von ihnen sind nicht unerschöpflich. Auch die menschliche Arbeitskraft ist für die Wirtschaft eine wichtige Ressource. |
| **Rhythmus** | Der Rhythmus des Lebens hat sich immer mehr beschleunigt. (Adjektiv: ________________) |
| **Sensibilität** | Im Umgang mit anderen Menschen ist Sensibilität erforderlich. (Adjektiv: ________________) |
| **skizzieren** | sich für etwas Notizen machen; den wesentlichen Inhalt darstellen: Skizzieren Sie kurz den Inhalt des Referats! |
| **Souveränität** | Die Mitgliedsstaaten der EU müssen Teile ihrer Souveränität an gemeinsame Organe abtreten. |
| **stagnieren** | Der deutsche Binnenmarkt stagniert: Im Umsatz ist weder eine Abnahme noch eine Belebung zu verzeichnen. (Nomen: ________________) |
| **Subvention** | Subventionen sind staatliche Zuschüsse für bestimmte Wirtschaftszweige oder Unternehmen. (Verb: ________________) |
| **Substanz** | Asbest ist eine feuerfeste Substanz, die Krankheiten hervorrufen kann. (Synonym: ________________) |
| **Symbol** | Der Löwe gilt als ein Symbol der Stärke. (Synonym: ________________) |
| **Symptom** | Husten und Schnupfen sind Symptome einer Erkältung. |
| **System** | Unser Wirtschaftssystem ist die soziale Marktwirtschaft. |
| **Tropen** | Indonesien liegt in den Tropen. (Adjektiv: ________________) |
| **Tendenz** | Es besteht heute die Tendenz zu immer größerer Automatisierung. (Synonym: ________________; Verb: ________________) |
| **Tradition** | In konservativen Gesellschaften spielen Traditionen eine große Rolle. (Synonym: ________________; Adjektiv: ________________) |

**81** ***Bitte suchen Sie rechts die Erklärung für links! Sie können auch umgekehrt üben (sehr nützlich): Suchen Sie zu der Erklärung das passende Fremdwort mit Artikel!***

| | |
|---|---|
| 1. Charakteristikum | a) alle Menschen, die ungefähr gleich alt sind |
| 2. Kriterien | b) Tendenz: Entwicklungslinie, Strömung, Richtung, Neigung |
| 3. Privileg | c) falsche, meist zu optimistische Vorstellung von etwas |
| 4. Evolution | d) Kennzeichen, Merkmal |
| 5. Ressourcen | e) Komponente: ein Element, das zusammen mit anderen Elementen eine bestimmte Wirkung hat/ein bestimmtes Ergebnis verursacht |
| 6. Illusion | f) Maßstäbe/entscheidende Merkmale zur Beurteilung |
| 7. Potenzial | g) Entwicklung |
| 8. Konsum | h) vorhandener Bestand von etwas, was besonders für Ernährung und Wirtschaft ständig benötigt wird |

| | |
|---|---|
| 9. Diktator | i) weltweite Vernetzung |
| 10. Phänomen | j) Vorrecht |
| 11. Generation | k) Verbrauch |
| 12. Trend | l) Gesamtheit aller vorhandenen, verfügbaren Mittel und Möglichkeiten |
| 13. Globalisierung | m) Erscheinung |
| 14. Faktor | n) j-d, der in einem Staat allein und mit absoluter Macht herrscht und Gegner mit Gewalt unterdrückt |

**82** ***Bitte suchen Sie rechts das Synonym bzw. die Erklärung für links!***

| | |
|---|---|
| 1. Substanz | a) Grundlage |
| 2. Realität | b) Folge |
| 3. Konsequenz | c) Voraussage |
| 4. Prognose | d) Einzelheit |
| 5. Konsument | e) Verwaltungsapparat (meist mit negativer Bedeutung) |
| 6. Basis | f) Anzeichen (für eine Veränderung, für eine Krankheit) |
| 7. Detail | g) Stoff |
| 8. Bürokratie | h) Wirklichkeit |
| 9. Symptom | i) Verbraucher |

**83** ***Bitte suchen Sie rechts die Erklärung für links!***

| | |
|---|---|
| 1. Flexibilität | a) Unabhängigkeit eines Staates vom Einfluss anderer Staaten |
| 2. Kombination | b) Einigung bei Verhandlungen oder bei einem Streit, wobei jeder einen Teil der Forderungen des anderen akzeptiert |
| 3. optimal | c) Fähigkeit zu anpassungsfähigem Verhalten |
| 4. Emotion | d) Verbindung zu einer Einheit |
| 5. Souveränität | e) Mangel |
| 6. Alternative | f) der Mensch als Einzelperson |
| 7. Kompromiss | g) Gefühl |
| 8. ignorieren | h) möglich |
| 9. neutral | i) bestmöglich |
| 10. regenerativ | j) nicht beachten |
| 11. Individuum | k) keiner der gegnerischen Parteien angehörend |
| 12. Defizit | l) zweite, andere Möglichkeit |
| 13. potenziell | m) erneuerbar |

**84** ***Bitte suchen Sie rechts die Erklärung für links!***

| | |
|---|---|
| 1. Effizienz | a) Stillstand bei einer Entwicklung, besonders in der Wirtschaft |
| 2. Konzept | b) Zeitraum |
| 3. Subvention | c) langfristige Anlage von Kapital in Sachgütern |
| 4. Existenz | d) Wirksamkeit |
| 5. Kommunikation | e) Dasein, Leben |
| 6. Stagnation | f) Aussicht |
| 7. profitieren | g) Verständigung |
| 8. Inflation | h) staatliche Unterstützung bestimmter Wirtschaftszweige bzw. Unternehmen |
| 9. Phase | i) Bestechung, Bestechlichkeit: Wirtschaftliche Vorteile werden mit Geld oder anderen Vergünstigungen illegal erkauft |
| 10. Korruption | j) mit Geldentwertung und Preissteigerung verbundene Erhöhung des Geldumlaufs |
| 11. Kooperation | k) Plan, Programm für ein Vorhaben |
| 12. Investition | l) Nutzen, Gewinn aus etwas ziehen |
| 13. Perspektive | m) Zusammenarbeit |

**85** ***Suchen Sie rechts die richtige Entsprechung zu links!***

| | |
|---|---|
| 1. flexibel | a) bestechlich |
| 2. kontrovers | b) wirkungsvoll, sinnvoll, nützlich |
| 3. präzise | c) allgemein |
| 4. vage | d) in der Lage oder geeignet, sich veränderten Bedingungen anzupassen |
| 5. physisch | e) seelisch |
| 6. psychisch | f) körperlich |
| 7. horizontal | g) senkrecht |
| 8. vertikal | h) waagerecht |
| 9. generell | i) undeutlich |
| 10. korrupt | j) entgegengesetzt; umstritten |
| 11. traditionell | k) genau |
| 12. effizient | l) herkömmlich |

**86** ***Bitte setzen Sie die folgenden Wörter in der richtigen Form in die Sätze ein!***

abstrakt – Altruismus – analysieren – Argument – Bürokratie – experimentieren – integrieren – konkret – Konkurrenz – kreativ und flexibel – manipulieren – Niveau – reagieren

1. Wir erwarten von unseren Mitarbeitern, dass sie ______________________ sind.
2. Nach der Wahlniederlage müssen die Gründe dafür ________________ werden.
3. ________________ ist ein Hindernis für die Entwicklung der Wirtschaft.
4. Man wirft den Medien vor, die öffentliche Meinung zu ___________________.
5. Im Gegensatz zu ________________ ist Egoismus heute weit verbreitet.
6. Sie heiratete einen Mann, dessen geistiges _____________ weit unter dem ihren lag.
7. Wir brauchen ______________ Vorschläge, keine _____________ Theorien.
8. Die japanische Hochtechnologie ist schon seit langem eine starke ______________ für die USA und auch für Deutschland.
9. Die _____________ für den Krieg im Irak haben viele Menschen in Europa nicht überzeugt.
10. Für Ausländer, die in Deutschland leben, ist es oft schwer, sich in die deutsche Gesellschaft zu ________________.
11. Man sollte auf Aggressionen nicht mit Gewalt ________________.
12. In Deutschland ist es verboten, mit Embryonen zu ________________.

## Eine kleine Auswahl von Anglizismen

Anglizismen sind Wörter aus dem Englischen oder Amerikanischen. Die moderne deutsche Sprache ist voll davon (was oft kritisiert wird).

87 ***Notieren Sie bitte, wenn möglich, ein deutsches Synonym und auch den deutschen Artikel! Manchmal gibt es kein gebräuchliches deutsches Wort – dann erklären Sie bitte kurz die Bedeutung!***

1. Airline →
2. Apartment →
3. Bestseller (Erklärung!) →
4. Blackout (Erklärung!) →
5. Boom →
6. City →
7. Cockpit →
8. Event →
9. Fan (Erklärung!) →
10. Fast Food →
11. Gangster →
12. **Handout** (Erklärung!) →
13. Hotline (Erklärung!) →
14. Jogging (Erklärung!) →
15. Kids →
16. Know-how (Erklärung!) →
17. Manager (Erklärung!)
18. Mix →
19. nonstop →
20. Poster →
21. Recycling →
22. relaxen →
23. Rushhour →
24. Sale →
25. Service →
26. Team (Erklärung!) →
27. Ticket →

# X. Wörter mit Negationsbedeutung

Für das Verständnis eines Textes ist es oft entscheidend, dass man erkennt, ob die Bedeutung eines Satzes positiv oder negativ ist.

**Adverb**: *kaum* (= fast nicht): In der Dunkelheit war der Weg kaum sichtbar.

**Konjunktionen:** *ohne zu, ohne dass*: Der Regierungschef traf die Entscheidung, ohne das Parlament zu informieren. (Er informierte das Parlament nicht.)
*weder – noch*: Für die notwendigen Maßnahmen stehen weder die nötigen Mittel noch das erforderliche Personal zur Verfügung. (nicht die Mittel und nicht das Personal)

Viele **Präfixe** und einige **Suffixe** haben Negativbedeutung:

### Präfixe

*un-*

bei Adjektiven/Partizipien und von diesen Adjektiven abgeleiteten Nomen, **nicht bei Verben!**
**un**fähig/**Un**fähigkeit, **un**ruhig/**Un**ruhe ..., **un**befriedigend, **un**wissend/**Un**wissenheit ..., **un**verändert, **un**geklärt ...

**Aber nicht jedes Adjektiv bzw. Partizip und auch nicht jedes davon abgeleitete Nomen kann mit *un-* verneint werden!**

*miss-*

**miss**achten, **miss**billigen, **miss**fallen (nicht gefallen), **miss**glücken, **miss**gönnen, **miss**lingen (nicht gelingen), **miss**trauen
**Miss**erfolg, **Miss**gunst ...
Das Präfix ***miss-*** bedeutet in einigen Fällen keine Negation, sondern hat die Bedeutung *schlecht/falsch*: missbrauchen, misshandeln, missdeuten, missverstehen (Partizip Perfekt *missverstanden*, Adjektiv *missverständlich*)
**Miss**bildung, **Miss**verhältnis, **Miss**wirtschaft ...

Einige aus dem Lateinischen bzw. Griechischen kommende Präfixe haben oft, aber **nicht immer,** negative Bedeutung:

***a-/ab-/an-***

**a**nomal/**a**normal/**ab**norm, **a**sozial, **a**symmetrisch, **a**typisch, **an**organisch, **An**alphabet ...
(aber z. B. ohne Negativbedeutung: Anatomie ...)

***de-/des-***

**de**zentralisieren, **de**stabilisieren, **de**generieren (körperlich/geistig/moralisch verfallen, absteigen) ...
**Des**illusion/**des**illusionieren, **Des**information, **Des**interesse/**des**interessiert, **Des**orientierung/**des**orientiert, **Des**organisation ...
(aber ohne Negativbedeutung: Debatte, Definition, Detonation, Deskription ...)

*dis-*

**Dis**harmonie/**dis**harmonisch, **Dis**sonanz (nicht harmonischer Klang; *auch*: Meinungsverschiedenheit), **Dis**krepanz (deutlicher Unterschied, Missverhältnis), **dis**kriminieren (j-n wegen Nationalität, Rasse, Religion o. Ä. schlechter behandeln als andere), **dis**qualifizieren ...
(aber ohne Negativbedeutung: Diskretion, Diskussion, Disziplin ...)

***in- (il-, im-, ir-)***

**in**adequat (nicht adequat, unangemessen), **in**direkt, **in**kompetent, **in**tolerant ...

**vor** Wörtern, die mit **l** beginnen, **il**-: **il**legal, **il**legitim ...

**vor m** oder **p**, **im**-: **im**materiell, **im**mobil, **im**potent ...

**vor r ir-: ir**real, **ir**rational, **ir**relevant (nicht relevant/unwichtig), **ir**reparabel ...
(aber ohne Negativbedeutung: Illumination, illustrieren, Indikation, Individuum ...)

**Suffixe**

akzent**frei**, sorgen**frei** ...
luft**leer**, menschen**leer** ...
kinder**los**, arbeits**los** ...

**Negativbedeutung viele Verben, z. T. durch ihre Präfixe**

ablehnen – abraten – abschaffen – aufgeben – aufheben – ausscheiden – ausschließen – beseitigen – bestreiten – entziehen – fehlen – hindern – ignorieren – leugnen – negieren – scheitern – übersehen – unterbinden – untersagen – verhindern – verkennen – vermeiden – versagen – verzichten ...

**Bei doppelter Negation ist die Bedeutung positiv:**

*Einige Ausdrücke werden sehr oft so verwendet.*

Es ist **nicht auszuschließen**, dass die Mehrwertsteuer erhöht wird. (d. h., es ist möglich; man nimmt an, dass ...)
Es ist **nicht zu übersehen**, dass unsere Gesellschaft von Überalterung bedroht ist. (d. h., man muss sehen, dass ...)
Es ist **nicht zu bestreiten/Es lässt sich nicht bestreiten**, dass sich viele Menschen in Deutschland falsch ernähren. (Ähnlich wie *Es ist nicht zu übersehen*, aber noch stärker).
Preiserhöhungen waren nicht zu vermeiden. (d. h., die Preise mussten erhöht werden.)

*Vorsichtige Formulierungen*

Diese Entwicklung ist **nicht un**interessant (= ziemlich interessant).
Dieses Verhalten ist **nicht un**typisch (= ziemlich typisch).
Die Erhöhung der Mehrwertsteuer kam **nicht un**erwartet (Man hatte sie erwartet).
Wir sehen die Entwicklung an den Energiemärkten **nicht ohne** Sorgen (d. h., mit ziemlichen Sorgen).
Sie nahm die neue Aufgabe **nicht ohne** Selbstbewusstsein in Angriff.
Die Autoindustrie ist **nicht ohne** Zukunftshoffnungen ins neue Jahr gegangen.

**88** ***Setzen Sie folgende Wörter mit Präfixen negativer Bedeutung in der richtigen Form ein:***

anorganisch – asozial – atypisch – disqualifizieren – immateriell – inadequat – inkompetent – irrational – irrelevant – irreparabel – misslingen – missverständlich

1. Der Schaden erwies sich als ____________________.
2. Seine ____________________ Reaktion auf die erhobenen Vorwürfe erregte Erstaunen.
3. Wenn Manager ausschließlich an den Profit denken und die Belange der Mitarbeiter nicht berücksichtigen, verhalten sie sich ____________________.
4. Nachdem sich der Doping-Verdacht bestätigt hatte, wurde der Sportler ______________.
5. Bitte drücken Sie sich genauer aus! Ihre Angaben sind ____________________.
6. Viele Ängste sind ____________________, sie lassen sich nicht logisch erklären.
7. Zurzeit gewinnen die ____________________ Werte wieder an Bedeutung.
8. Leider hat sich der neu eingestellte Mitarbeiter als ____________________ erwiesen.
9. Das Experiment ist ____________________.
10. Der ____________________ Verlauf der Krankheit verunsicherte den Arzt.
11. Die ____________________ Chemie ist ein Teilgebiet der Chemie und umfasst vorwiegend die Elemente und Verbindungen der unbelebten Natur.
12. Wir beschäftigen uns hier nur mit dem Wichtigsten. Alles ____________________ wird nicht berücksichtigt.

**89** ***Setzen Sie folgende Nomen mit Präfixen negativer Bedeutung ein:***

Desinteresse – Destabilisierung – Dissonanzen – Diskrepanz – Missbildungen – Unwissenheit

1. In der letzten Zeit haben sich ____________________ in dem Verhältnis der beiden Staaten zueinander gezeigt.
2. ____________________ schützt nicht vor Strafe.
3. Radioaktive Bestrahlung kann zu ____________________ führen.
4. Die ____________________ zwischen dem in der Verfassung erhobenen Anspruch und der Realität war enorm.
5. Bürgerkriegsähnliche Verhältnisse führten zu einer ____________________ der staatlichen Ordnung.
6. Aus ____________________ vernachlässigte er seine Aufgaben.

**90** ***Setzen Sie folgende Verben ein:***

abraten – aufheben – entziehen – ignorieren – leugnen – scheitern – übersehen – unterbinden – untersagen – verkennen – vermeiden – versagen

1. Es war ihm ________________, Briefe zu schreiben.
2. Er ________________ meinen Einspruch, d. h., er beachtete ihn nicht.
3. Die Umweltprobleme nehmen zu, aber viele Entwicklungsländer ______________ den Ernst der Lage.
4. Das Halteverbot an dieser Stelle ist wieder ________________ worden.
5. Die Opposition wirft der Regierung vor, sie habe _______________.
6. Die Opposition wirft der Regierung vor, sie sei mit ihren Plänen zur Verringerung der Arbeitslosigkeit ________________.
7. Es hat sich als unmöglich herausgestellt, den Drogenhandel völlig zu ______________.
8. Wegen Trunkenheit am Steuer wurde ihm die Fahrerlaubnis ______________.
9. Es geschieht leicht, dass man Fehler ________________.
10. Der Angeklagte ________________ die Tat.
11. Die Lage spitzte sich zu. Eine Konfrontation war nicht mehr zu ________________.
12. Das Auswärtige Amt ____________ zurzeit von Reisen in den Irak ______.

**91** ***Setzen Sie folgende Verben in der richtigen Form ein:***

ablehnen – abschaffen – aufgeben – ausscheiden – ausschließen – beseitigen – bestreiten – fehlen – hindern – übersehen – verhindern – verzichten

1. Auf dem Land ______________ qualifizierte Ärzte.
2. Das Veto eines der Mitglieder des Sicherheitsrates _______________ die Annahme der Resolution.
3. In den meisten Ländern ist die Todesstrafe _______________.
4. Die Lage ist nicht aussichtslos, aber man darf nicht __________________, dass noch viele Schwierigkeiten zu überwinden sind.
5. Der andauernde Lärm ___________________ ihn am Arbeiten.
6. Als er 65 geworden war, ______________ er aus dem Gremium ________.
7. Nach dem gegenwärtigen Stand der Verhandlungen ist nicht ___________________, dass es zu einem Streik kommt.
8. Es ist noch nicht gelungen, alle Fehlerquellen zu ________________.
9. Endlich kam der Durchbruch! Wir hatten schon jede Hoffnung _________________, jemals Erfolg zu haben.
10. Die Regierung ____________ einen Einsatz deutscher Truppen im Irak _______.
11. Es fällt uns schwer, auf liebgewordene Gewohnheiten zu __________________.
12. Es ist nicht zu ________________, dass die Lage auf dem Arbeitsmarkt schwieriger geworden ist.

# XI. Ausdrücke, die oft verwechselt werden

Es handelt sich hier um eine Auswahl von Ausdrücken und Ausdrucksvarianten, die im schriftsprachlichen Kontext häufig sind.

## abhängen von *D* – ankommen auf *A*

**abhängen von *D***
(Eine Sache/ein Vorgang ist durch etwas bedingt oder bestimmt, von etwas entscheidend beeinflusst.)
*Der Kurs der Aktie hängt von der wirtschaftlichen Entwicklung der Firma ab*: Die wirtschaftliche Entwicklung der Firma ist der **Grund** für die Entwicklung der Aktie.
*Die Ernteerträge hängen hauptsächlich von Boden und Klima ab*: Boden und Klima sind der wichtigste **Grund** für die Höhe der Ernteerträge.

**Aber auch:**
Er hat keine eigenen Einkünfte, er hängt ganz von der Unterstützung durch seine Eltern ab: Er ist auf die Unterstützung durch seine Eltern angewiesen, er braucht sie unbedingt.

**ankommen auf *A***
(etwas ist wichtig, entscheidend)
*Bei diesem Spiel kommt es auf die Reaktionsgeschwindigkeit an./**Bei** diesem Spiel kommt es **darauf** an, **dass** man schnell reagiert.* (Die Reaktionsgeschwindigkeit ist das **Ziel.)**

In einigen Fällen sind beide Verben möglich:
*Es kommt auf die Bezahlung an, ob ich die Stelle annehme./*
*Es hängt von der Bezahlung ab, ob ich die Stelle annehme.*

**92** ***Bitte ergänzen Sie „abhängen von/davon“ oder „ankommen auf/darauf“:***

1. Heute ____________ es wieder mehr _______ immaterielle Werte ______.
2. Es ____________ bei dieser Arbeit mehr ______ Genauigkeit als ______ Schönheit ____.
3. Wie süß der Wein wird, __________ hauptsächlich _________ d___ Wetterverhältnissen in den Wochen kurz vor der Ernte ______.
4. Beim Wein ___________ es _______ den richtigen Boden und das richtige Klima _____.
5. Die Qualität des Weins ____________ _______ Boden und Klima _______.
6. Die Zukunft der Regierung ____________ _______ d___ Ausgang der Wahlen _____.
7. Ob wir wieder Arbeitskräfte einstellen, ___________ _______ d___ Auftragsentwicklung unserer Firma ______.
8. Beim Export ____________ es __________ _____, dass der Euro gegenüber dem Dollar nicht zu stark wird.
9. Jetzt ____________ es ______ jede Minute _____!
10. Wie sich ein Land entwickelt, zum großen Teil sein Ressourcen _______, sowohl von den materiellen als auch von den immateriellen.

11. Bei der Entwicklung eines Landes ____________ es in erster Linie _______ sein___ Ressourcen ______.
12. Es ___________ ___________ _______, dass man die richtigen Prioritäten setzt.
13. Das Strafmaß ___________ _______ d___ Entscheidung der Richter _____.
14. Es __________ _______ d___ Gegner _____, ob wir beim nächsten Spiel Chancen haben oder nicht.
15. Bei einem Tennismatch ___________ es auch _________ ______, dass man starke Nerven hat.
16. Der Erfolg ___________ _______ d___ Qualität ______.

## bestehen aus – bestehen in *D*

***bestehen aus*** (eine Sache besteht aus einem oder mehreren Teilen bzw. Materialien):
*Die Tischplatte besteht aus Plastik. Das Lexikon besteht aus 12 Bänden.*

***bestehen in*** bezeichnet das Wesen (den **In**halt) einer Tätigkeit oder Leistung (einer Aufgabe, einer Arbeit, einer Frage ...):
*Seine Arbeit bestand in Entwicklung und Planung.*

Häufig wird „bestehen" **mit einem dass-Satz oder einem Infinitivsatz** gebraucht. Dann ist ***darin*** zu verwenden:
*Die Aufgabe besteht **darin**, die richtige Entsprechung zu den genannten Wörtern zu finden.*

In seltenen Fällen ist sowohl *aus* als auch *in* möglich:
*Sein Leben bestand nur noch in (aus) Essen und Schlafen.*

Das Fragewort lautet ***worin***.

**93** ***Bitte ergänzen Sie die richtige Präposition bzw. das Präpositionaladverb!***

1. Die gestellte Aufgabe bestand _____ Lösen einer einfachen Rechenaufgabe.
2. Ein Menü besteht ______ Vorspeise, Hauptgericht und Nachspeise.
3. Sein Leben besteht ______ Hilfe und Aufopferung für andere.
4. ______ bestehen die wesentlichen Unterschiede zwischen Realschule und Gymnasium?
5. Die größte Gefahr bei der Durchquerung des Wüstengebiets bestand _____ den Wanderdünen.
6. Die Prüfung besteht ______ drei Teilen.
7. Die Prüfung besteht ______ der Lösung von Aufgaben, die sich besonders auf die Anwendung des Gelernten beziehen.
8. Die Wohnung besteht ______ zwei Zimmern, Küche und Bad.
9. Das Buch besteht ______ mehreren Artikeln verschiedener Autoren.
10. Das Problem bei dem Projekt besteht ______ den hohen Kosten.
11. Das Problem besteht ________, dass zu viele Faktoren berücksichtigt werden müssen.
12. Die Vorzüge dieses Druckers bestehen ________, dass er gestochen scharfe Texte liefert.
13. Seine Arbeit bestand _____ Redigieren von Texten, die ihm geliefert wurden.

14. Seine Aufgabe besteht ________, den Text auf Schreibfehler zu überprüfen.
15. Wasser besteht ______ Wasserstoff und Sauerstoff.
16. Die Bedeutung des Films besteht _____ der Darstellung von Rassenkonflikten und deren Überwindung.
17. Seine besondere Stärke besteht ______ der Fähigkeit, zuhören zu können.
18. ________ besteht der Sinn der Aufgabe, die mir gegeben worden ist?

## entdecken – erfinden

**entdecken** (etwas finden, was schon vorhanden, aber noch nicht bekannt war):
*Kolumbus entdeckte Amerika.*

**erfinden** (Durch Forschen und Experimentieren etwas Neues hervorbringen, besonders auf technischem Gebiet):
*Edison hat die Glühbirne erfunden.*

**94** ***Bitte setzen Sie das richtige Verb ein:***

1. 1867 hat Alfred Nobel das Dynamit ________________.
2. Röntgen ______________ die nach ihm benannten Strahlen.
3. Auch in den letzten Jahren sind immer wieder neue Tierarten _____________ worden.
4. Für Europa hat Johannes Gutenberg im 15. Jahrhundert den Buchdruck ____________.
5. Alexander Fleming hat 1928 das Penicillin ________________.
6. Der Amerikaner Alexander Graham Bell hat das Telefon ________________.

## entlassen *A* – kündigen (*D*)

*Die Firma entlässt ein***en** *Angestellten.*
*Der Personalchef hat* **dem** *Angestellten gekündigt.*

In der Schriftsprache wird *kündigen* mit dem Dativ konstruiert.
*Entlassen* kann nur der Arbeitgeber kann, *kündigen* kann auch der Angestellte!
Außerdem geht es bei *entlassen* meist um Zahlen, bei *kündigen* mehr um den Akt zwischen Personen.
In vielen Fällen sind die beiden Verben **austauschbar**, wenn das Subjekt eine Person/Institution der Arbeitgeberseite ist, sonst ist nur *kündigen* (meist ohne Objekt) möglich:
*Er war mit den Ansichten seines Chefs nicht einverstanden, und schließlich entschloss er sich zu kündigen.*

**95** ***Bitte ergänzen Sie „entlassen" oder „kündigen"!***

1. Im Rahmen der neuesten Rationalisierungsmaßnahmen ist vorgesehen, weitere 10.000 Mitarbeiter zu ________________.
2. Dass ihm nach 30 Arbeitsjahren ______________ wurde, war für ihn ein harter Schlag.

3. Er bekam eine wesentlich interessantere Stelle angeboten und ________________ zum nächstmöglichen Termin.
4. Es wird jetzt vielen Firmen zum Vorwurf gemacht, dass sie Arbeitskräfte ____________, obwohl die Gewinne gestiegen sind.

## festlegen – festsetzen – feststellen

**festlegen**
offiziell erklären, dass etwas gilt; etwas verbindlich beschließen, bestimmen, vorschreiben
*Nach Beschluss der EU sollen die Rechte von Minderheiten in spezifischen Gesetzen festgelegt werden.*

**festsetzen**
verbindlich beschließen, bestimmen; oft ist auch *festlegen* möglich
*Der Preis des Gemäldes wurde auf 50.000 Euro festgesetzt.*

**feststellen**
a) in Erfahrung bringen, ermitteln
*Man hat festgestellt, dass bei erhöhter Feinstaubbelastung Krebskrankheiten zunehmen.*
b) bemerken, erkennen
*Eine Veränderung war nicht festzustellen.*
c) mit Entschiedenheit sagen, erklären
*Ich muss hier in aller Deutlichkeit feststellen, dass meine Anordnungen nicht befolgt wurden.*

**96** ***Bitte setzen Sie eins der drei Verben ein!***

1. Wir sollten ____________, auf welche Punkte wir uns geeinigt haben.
2. Der Arzt konnte keine äußerliche Verletzung ________________.
3. Die Arbeit ist innerhalb der __________________ Frist einzureichen.
4. Man brachte den Verdächtigen auf die Polizeiwache, um seine Personalien __________.
5. Man kann heute nicht mehr ______________, welcher Pharao die Sphinx erbauen ließ.
6. Der Prozessbeginn ist auf den 5. September ________________.
7. Für die Tagung wurde noch kein detailliertes Programm ________________.
8. Jedes Frühjahr werden wieder Fälle von Hirnhautentzündung ___________________.
9. Wir konnten die Termine noch nicht ________________, weil noch nicht alle Einzelheiten geklärt sind.
10. Es konnte nicht __________________ werden, wer der Schuldige war.
11. Wir müssen jetzt die Reihenfolge der zu behandelnden Punkte __________________.
12. Die Herkunft der Waffe ließ sich nicht ________________.
13. Der Vertreter der Versicherung hat die Höhe des Schadens noch nicht ______________.
14. Die Minister konnten sich nicht auf ein einheitliches Vorgehen ________________.
15. Ich möchte _________________, dass ich zu keiner Zeit beleidigende Worte geäußert habe.

## fordern – fördern

Weil sich die beiden Verben nur durch den Umlaut unterscheiden, werden sie oft verwechselt, aber die Unterscheidung ist hier ganz einfach und eindeutig.
***fordern***: Synonym *verlangen*; ***fördern***: Synonym *unterstützen*. Eine „Eselsbrücke" (Hilfe für die Erinnerung): *fördern* und *unterstützen* haben Umlaut, *fordern* und *verlangen* nicht.
*Fördern* hat allerdings auch noch eine andere Bedeutung: Bodenschätze (Kohle, Öl, Erz) aus der Erde holen, um sie wirtschaftlich zu nutzen.

**97** ***Bitte setzen Sie die entsprechenden Verben ein!***

1. Die Gewerkschaften ______________ die Einführung eines Mindestlohns.
2. Seit Ende 1980 wird in der Bundesrepublik kein Uran mehr ______________.
3. Deutschland muss Industrieprodukte exportieren, deshalb ______________ der Staat den Export.
4. Wir müssen die Entwicklung alternativer Energiequellen weiter ______________.
5. Die Arbeitnehmer ______________ soziale Gerechtigkeit.
6. Manche Menschen ______________ immer nur und sind nie zufrieden mit dem, was sie bekommen.
7. Werbung ______________ den Verkauf.
8. Bevor du etwas von anderen ______________, solltest du es von dir selbst ______________.
9. In der DDR wurde der Leistungssport massiv ______________.
10. Er ______________ nichts von seinen Mitarbeitern, was er nicht selbst zu leisten bereit war.
11. Der DAAD ______________ den kulturellen Austausch mit anderen Ländern.
12. Die Geiselnehmer ______________ 3 Mio. Euro und ein Fluchtauto.
13. Arbeit mit CDs ______________ das Hörverstehen.

## gründen – begründen

Man ***gründet*** eine Firma/ein Unternehmen, eine Partei, eine Stadt/einen Staat, einen Verein …:
*Der Computer-Konzern IBM wurde 1911 gegründet.*
Man ***begründet*** seine Meinung, d. h., man sagt den *Grund* dafür:
*Bitte begründen Sie Ihre Meinung!*

**98** ***Bitte setzen Sie die richtigen Verben ein!***

1. Als Mittel gegen Arbeitslosigkeit wird oft empfohlen, eine eigene Firma zu ______________.
2. Die deutsche Stadt Trier wurde vor ca. 2000 Jahren ______________.
3. Die Firma ______________ die Entlassungen mit der schlechten Konjunkturlage.
4. Wenn ein Wissenschaftler eine These aufstellt, muss er sie ______________ können.

## handeln – behandeln – verhandeln

***handeln*** etwas tun/machen, aktiv sein, nicht nur reden
***behandeln*** Der Arzt behandelt den Kranken.
Man behandelt j-n richtig/falsch/schlecht ...
***verhandeln*** mit j-m (z. B. einer Firma, einer Regierung) – oft ziemlich lange – über ein Problem sprechen, um es zu lösen und sich zu einigen.

**99** ***Bitte setzen Sie eines der drei Verben in der richtigen Form ein!***

1. Israelis und Palästinenser haben lange über die Realisierungsmöglichkeiten eines Friedensplans ______________________.
2. Worte genügen nicht, es muss schnell __________________ werden.
3. Er versteht es, die Menschen richtig zu __________________.
4. Der Kranke muss von einem Spezialisten __________________ werden.
5. Über die zum Klimaschutz notwendigen Maßnahmen wurde lange __________________.
6. Er hat mich __________________, als ob ich ein Kind wäre.
7. Wenn man einen Entschluss gefasst hat, sollte man auch danach __________________.
8. Wer ein guter Reiter werden will, muss lernen, ein Pferd richtig zu __________________.
9. Sollte man jetzt __________________ oder lieber abwarten?

## leiden an *D* – leiden unter *D*

***leiden an*** bezieht sich auf eine Krankheit, ***leiden unter*** bezieht sich auf Probleme:
*Er leidet an Krebs. Alte Menschen leiden oft unter ihrer Einsamkeit.*

In manchen Fällen sind beide Präpositionen möglich, allerdings ist die Bedeutung verschieden: *Er litt an Depressionen.* (Depressionen sind eine Krankheit.) – *Er litt unter seinen Depressionen.* (Die Depressionen bedrückten ihn.)

**100** ***Bitte ergänzen Sie die richtigen Präpositionen!***

1. Kinder leiden besonders stark ____________ Kriegen und Bürgerkriegen.
2. Die Möbel litten ______________ der Trockenheit.
3. Schiller litt ________________ der strengen Disziplin der Karlsschule.
4. Mein Bruder litt __________ einer Krankheit, für die es noch kein Heilmittel gab.
5. Besonders die Intellektuellen litten ____________ dem Druck der Regierung.
6. Das sensible Kind litt ________ dem autoritären Vater.

## liegen an *D* – liegen in *D*

***Woran liegt es, dass ...? Es liegt an .../Es liegt daran, dass ...***
(Was ist der **Grund** dafür/Wodurch wird es **verursacht**?)
*Woran liegt es, dass die Konjunktur in Deutschland schwächelt? Es liegt zum Teil an den hohen Löhnen und Lohnnebenkosten.*

***Worin liegt das Problem/die Ursache für .../die Gefahr ...?***
(Ungefähr: Worin besteht das Problem/Was ist das Problem/die Ursache/die Gefahr...?)
*Das Problem liegt darin, dass nicht genug Geld zur Verfügung steht.*

101 ***Bitte ergänzen Sie die richtigen Präpositionen!***

1. Es liegt _____ der überall herrschenden Korruption, dass sich das Land nicht besser entwickelt.
2. Die Unfallursache lag ______ der überhöhten Geschwindigkeit.
3. Es lag _______ der überhöhten Geschwindigkeit, dass das Fahrzeug aus der Kurve geschleudert wurde.
4. Die häufigen Staus liegen zum großen Teil ______ dem hohen Verkehrsaufkommen.
5. Da_____, dass nun jeder Europäer in jedem europäischen Land arbeiten kann, liegt eine große Gefahr.
6. Es hat nicht _____ mir gelegen, dass das Projekt gescheitert ist.
7. Wo_____ liegt es, dass die Wälder sterben? Es liegt ______ der Luftverschmutzung.

## nutzen – nützen – benutzen – verwenden – anwenden (brauchen – gebrauchen – verbrauchen)

### nutzen – nützen

In Wörterbüchern wird gesagt, dass der Unterschied nur regional ist (in Süddeutschland werde *nützen* bevorzugt). Diese Unterscheidung reicht jedoch nicht aus. Allerdings sind **in vielen Fällen beide Formen möglich**.
Aber:
*Die längere Pause hat* ***mir genützt*** (war gut/nützlich für mich). – *Ich habe die längere Pause* ***zum Entspannen genutzt*** (verwendet).
Oder:
*Meine guten Sprachkenntnisse haben* ***mir*** *im Ausland sehr* ***genützt****. – Ich habe meine guten Sprachkenntnisse* ***genutzt, um*** *meine Position im Ausland auszubauen.*
Mit einem persönlichen Dativ (z. B. auch ***Wem*** *soll das* ***nützen****?*) und auch in der Verbindung „*Das* ***nützt nichts****.*“ sollte **nützen** verwendet werden.

Dagegen: *Man* ***nutzt*** *etwas für einen bestimmten Zweck.* Hier geht es nicht so sehr um „praktischen“ Nutzen, sondern um materiellen, ideellen, auch politischen Gewinn.

Das Verb ***nutzen*** wird oft mit Abstrakta oder allgemeinen Begriffen verbunden:
*Man muss die Chancen im Leben nutzen. – Wir müssen die im Land vorhandenen Ressourcen nutzen.*
Hierher gehört auch die Verwendung mit ***als***: *Im Krieg wurde der Kirchenraum* ***als*** *Stall genutzt.* (Hier kann man aber auch *benutzen* verwenden: *Im Krieg wurde der Kirchenraum* ***als*** *Stall benutzt.*)

*Ich freue mich, wenn* ***Ihnen*** *das Buch etwas* ***nützen*** *kann.*
*Das neu verschriebene Mittel* ***nützte wenig (nichts)****.*
*Alle Vorsicht hat* ***nichts genützt****.*
***Der Boden*** *wird landwirtschaftlich* ***genutzt****.*
***Die Wasserkraft der Flüsse*** *wird* ***zur*** *Stromerzeugung* ***genutzt****.*
*Er* ***nutzte (nützte)*** *die Zeit, um sich auszuruhen.*
*Er hat jeden Vorteil geschickt* ***genützt (genutzt)****.*

**benutzen (regional auch *benützen*)**

etwas für einen bestimmten Zweck nehmen; oft synonym mit *verwenden.*
*Benutzen Sie den vorderen Eingang!* (*verwenden* nicht möglich!)
*Wir benutzen diesen Raum als Arbeitszimmer.* (*benutzen* besser als *verwenden*)
*Für diese Arbeit benutze/verwende ich einen Bohrer.* (ein Werkzeug!)

**verwenden**

etwas als Werkzeug, als Mittel verwenden; etwas für einen bestimmten Zweck/zur Herstellung von etwas benutzen. *Wozu kann man dieses Material verwenden?*

**anwenden**

Das Verb wird meistens regelmäßig konjugiert, aber auch unregelmäßige Formen sind möglich: Er wendete ... an/er wandte ... an; er hat ... angewendet/er hat angewandt.
etwas (Mittel, Methoden, Techniken ...) in der Praxis aktiv verwenden:
*Es genügt nicht, neue Wörter zu lernen. Man muss sie auch richtig anwenden können.*
***Etwas anwenden auf A*** (etwas Allgemeines oder Abstraktes auf einen speziellen Fall beziehen): *Diese Formel lässt sich nicht auf unseren Sonderfall anwenden.*

Feste Verbindungen: Gewalt anwenden, eine List anwenden.

**102** ***Setzen Sie die entsprechenden Verben ein (anwenden – benutzen – nutzen – nützen – verwenden)! Manchmal gibt es mehrere Möglichkeiten! Auch für anwenden finden Sie nur eine Lücke!***

1. Vor jeder Entscheidung überlegte er genau, was ihm ____________ oder schaden könnte.
2. Sie sollten nicht zu komplizierte Satzkonstruktionen ____________________.
3. Zum Braten ________________ ich Öl.
4. Das alte Gebäude wird als Stall ________________.
5. Dieses Handtuch ist nicht ____________________.
6. Wir dürfen die vorhandenen Ressourcen nicht übermäßig ________________, sonst sind sie bald erschöpft.
7. Zur Reinigung der Brillengläser ________________ ich diese Flüssigkeit.
8. Der Misserfolg lässt sich leicht erklären: Hier ist die falsche Methode ________________ worden.
9. Zum Öffnen des Deckels ________________ er eine Zange.
10. Das häufige Lesen fremdsprachlicher Texte hat mir sehr ________________.
11. Man kann die unteren Räume als Büros __________________.
12. Ein günstiger Kredit würde der Firma __________________.
13. Alle Bitten und Tränen ______________ nichts: Er verließ sie.

14. In Deutschland wird das meiste Land als Weidefläche oder zum Ackerbau __________.
15. Die Wasserkraft der Flüsse kann zur Stromerzeugung ______________ werden.
16. Wir ____________ die Nacht für unsere Tour, weil wir die Hitze des Tages vermeiden wollten.
17. Bei diesem Gemälde hat der Künstler eine ganz neue Technik ____________.
18. Dieser Raum wird wenig ______________.
19. Viele Schüler sind nicht in der Lage, das Gelernte praktisch ________________.
20. In der Prüfung darf man einsprachige Wörterbücher ______________.
21. Diese Ratschläge haben mir nicht ______________.
22. Mein Arzt ______________ Methoden der chinesischen Medizin.
23. Man sollte nicht zu viele Anglizismen ________________.
24. Ich war lange im Ausland. Das ______________ mir im Berufsleben.
25. Wir sollten die Zeit _____________, die uns zur Verfügung steht.
26. Die Demonstranten waren bereit, Gewalt ______________.

**Zu dem Verbkomplex *nutzen/benutzen/verwenden/anwenden* gehören auch die Verben**

## brauchen/gebrauchen/verbrauchen

**brauchen *A***: benötigen, nötig haben:
*Um diese Arbeit zu erledigen, brauche ich mehr Zeit.*
*Brauchen* wird auch mit dem Infinitiv mit *zu* konstruiert, aber nur in negativer und eingeschränkter Bedeutung:
*Du* ***brauchst*** *ihn nicht um Erlaubnis (zu) bitten. Du brauchst mich nur an(zu)rufen, dann komme ich sofort.* (Umgangssprachlich fällt *zu* oft weg.)
Bei positiver Bedeutung benutzt man *müssen*: *Du musst ihn um Erlaubnis bitten.*

**gebrauchen *A***: oft synonym mit *verwenden*:
*In dem anonymen Brief wurden ordinäre Schimpfwörter gebraucht/verwendet.*
Das Partizip *gebraucht* bedeutet „nicht mehr neu“: Gebrauchtwagen, gebrauchte Kleidung.

**verbrauchen *A***: immer wieder etwas von einem Vorrat wegnehmen und verwenden, (bis nichts mehr vorhanden ist). Was verbraucht ist, ist dann **nicht mehr da, zumindest nicht in der alten Form**: *Der Wagen verbraucht zu viel Benzin. Die Luft ist verbraucht.*

103 ***Bitte ergänzen Sie die richtige Form von „brauchen“, „gebrauchen“ oder „verbrauchen“!***

1. Zum Lesen _____________ ich eine Brille.
2. Die ______________ Handtücher müssen gewaschen werden.
3. Du _____________ nur auf den Knopf zu drücken, dann beginnt das Programm.
4. Wir ______________ zu viel Papier. In Zukunft müssen wir sparsamer sein.
5. Tomaten _____________ viel Sonne, um zu reifen.
6. Alle Vorräte sind ______________, wir müssen dringend für Nachschub sorgen!
7. Von München nach Nürnberg _____________ der Zug jetzt nur noch eine Stunde.
8. Diesen Kupferdraht kann ich gut ______________.

9. Die Deutschen ________________ mehr Kaffee als Tee.
10. Ich ______________ Ihre Hilfe!
11. Wenn Ich Ihnen helfen soll, ________________ Sie es nur zu sagen.
12. Er ______________ viele Fremdwörter, um seine Zuhörer zu beeindrucken.
13. Wenn Sie von Mannheim nach Hamburg fahren, _____________ Sie nicht umzusteigen.
14. Wir _______________ einen neuen Kühlschrank.
15. Für heute _______________ wir noch Wurst und Käse, aber Brot _______________ wir nicht mehr zu kaufen.
16. In diesem Zusammenhang ________________ man das Perfekt, nicht das Präteritum.

### Zum Unterschied *brauchen – müssen*

**brauchen:** Hauptverb + Akkusativ (**ohne Infinitiv!**)
**müssen:** Modalverb mit Infinitiv (ohne *zu*)
**brauchen + Infinitiv mit *zu*:**
– als **Negation** von *müssen* oder sollen
– zum Ausdruck einer **Einschränkung: nur, bloß, erst** ...
(Immer häufiger wird heute auch bei Negation oder Einschränkung *müssen* verwendet:
*Er braucht nicht zu arbeiten. – Er muss nicht arbeiten.*
*Samstags brauche ich erst um 10 Uhr im Geschäft zu sein. – Samstags muss ich erst um 10 Uhr im Geschäft sein.*)
Perfekt von *brauchen* + Infinitiv (selten!): Wie bei den Modalverben, aber mit *zu*.
*Er hat nicht zu arbeiten brauchen.*
Häufig werden die Konjunktivformen gebraucht: *Du hättest mich nur zu fragen brauchen ...*

**104** ***Bilden Sie Sätze mit brauchen und müssen!***

1. Ich – jetzt – ein___ stark____ Kaffee
2. Ich – jetzt – ein___ Kaffee – trinken
3. Du – aber – kein____ Kaffee – kochen, das mache ich selbst.
4. Die meisten Ausländer – an der Universität – eine Sprachprüfung – machen. Deutsche – keine Sprachprüfung
5. Erwachsene – 10 € Eintritt – zahlen, Kinder – nichts –
6. Sie – nur d____ Knopf – drücken, und schon öffnet sich die Tür.
7. Sie – ein Wörterbuch – für die Übersetzung?
8. Sie – dieses Vokabular – nicht aktiv – beherrschen
9. Wir – die Unterstützung unserer Freunde
10. Wir – einander – vertrauen
11. Wir – vor der Zukunft – keine Angst haben
12. Wir – sehr anstrengen, wenn wir unser Ziel erreichen wollen. (sich anstrengen)
13. Wir – veränderte Energieversorgungslage – sich einstellen auf
14. Man – nur – an die vielen Arbeitslosen – denken, um zu sehen, dass die Zukunft nicht so leicht sein wird.

## schaffen – schuf – geschaffen; schaffen – schaffte – geschafft

Das Verb *schaffen* hat zwei verschiedene Konjugationsformen **mit verschiedener Bedeutung**.
Das starke Verb bedeutet *etwas neu schaffen, kreativ sein*:
*Beethoven schuf neun Symphonien.*

Das regelmäßige Verb bedeutet *etwas erledigen, fertigmachen, beenden*:
*Endlich habe ich die Arbeit geschafft!*

(Die abgeleiteten Verben *abschaffen, anschaffen, beschaffen, verschaffen* werden **regelmäßig** konjugiert: In den meisten Staaten ist die Todesstrafe abgeschafft.)

105 ***Bitte setzen Sie die richtigen Verbformen ein!***

1. Im Stadtzentrum soll eine Fußgängerzone ______________ werden.
2. Für das Examen sollte er fünf Bücher durcharbeiten, aber er ______________ nur vier.
3. Unser Lehrer ______________ die Korrektur der Prüfungsarbeiten an einem Tag! (Präteritum)
4. Nur in einigen wenigen Branchen konnten neue Arbeitsplätze ______________ werden.
5. Freitag Nachmittag: Die Woche ist ______________!
6. Mit den Pyramiden haben die alten Ägypter Monumente ______________, die Jahrtausende überdauerten.

## sorgen für – sich sorgen um/sich Sorgen machen um

**sorgen für** (sich bemühen, dass es j-m gut geht/dass etwas vorhanden ist/dass etwas erreicht wird):
*Früher mussten die Jungen für den Lebensunterhalt der Alten sorgen.*

**sich sorgen um** ist das weniger gebräuchliche Synonym von **sich Sorgen machen um**, Kummer/Angst haben wegen etwas:
*Er macht sich Sorgen um die Finanzierung seines Studiums.* (Er sorgt sich um die Finanzierung seines Studiums.)

106 ***Bitte setzen Sie die richtigen Formen ein!***

1. Der Entertainer hat ______ die Unterhaltung der Clubgäste zu ______________.
2. Frau Klein ____________ _________ ____________ _______ ihren Sohn: Er wirkt oft so apathisch.
3. Viele Eltern ____________ _________ heutzutage _______ die Zukunft ihrer Kinder.
4. Die Polizei hat ______ Ruhe und Ordnung zu ______________.
5. Wir müssen _________ ____________, dass genügend Getränke zur Verfügung stehen.
6. ____________ Sie ________ Transportmöglichkeiten!
7. Mein Mann klagt immer wieder über Schmerzen im Brustkorb. Ich ____________ mir ________________ ________ ihn.
8. Herr Faber ______________ ________ den reibungslosen Ablauf der Veranstaltung.

## steigen – steigern, sinken – senken

Bei den beiden Verbpaaren handelt es sich um Bedeutungsunterschiede, die verschiedene grammatische Konstruktionen zur Folge haben.

***steigen***: etwas **wird** höher/größer/stärker, Synonyme: **sich** erhöhen, zunehmen; starkes Verb ohne Akkusativobjekt,

▶ **Perfekt mit *sein*, kein Passiv möglich.**

***steigern***: etwas höher/größer/stärker **machen**; Synonyme:erhöhen, vergrößern, verstärken; schwaches Verb mit Akkusativobjekt, Perfekt mit *haben*, **Passiv möglich**.

*Infolge des hohen Rohölpreises sind die Preise für Benzin und Diesel stark gestiegen.*
*Durch Automatisierung gelang es, die Produktion zu steigern.*
*Die Produktion konnte gesteigert werden.*

Entsprechend:
***sinken***: etwas **wird** kleiner, geringer, niedriger, Synonyme: **sich** verringern, abnehmen; starkes Verb ohne Akkusativobjekt,

▶ **Perfekt mit *sein*, kein Passiv möglich.**

***senken***: etwas kleiner, geringer, niedriger **machen**, Synonym *verringern*, schwaches Verb ohne Akkusativobjekt, Perfekt mit *haben*, **Passiv möglich**.
*Am Morgen sank das Fieber.*
*Paracetamol ist ein Mittel, das das Fieber senkt.*
*Das Fieber konnte gesenkt werden.*

**107** ***Bitte setzen Sie die richtigen Formen von „steigen" oder „steigern" ein!***

1. Wenn die Löhne ________________, ________________ auch die Preise.
2. Die Lebenserwartung _____ weltweit ________________.
3. Durch intensives Training versuchte er, seine Leistungen zu ________________.
4. Die Anforderungen an die Arbeitnehmer __________ in den letzten Jahren wesentlich ________________.
5. Wenn die Tage länger werden, ________________ meistens die Temperaturen.
6. Im Jahr 2003 ______________ die Temperaturen in Mannheim sogar auf über 38 Grad ____________________.
7. Wir müssen uns damit abfinden, dass wir das Wirtschaftswachstum nicht unbegrenzt ________________ können.

**108** ***Bitte setzen Sie die richtigen Formen von „sinken" oder „senken" ein!***

1. Die Temperatur _______ unter 0 Grad ________________.
2. Die Opposition fordert, dass die Steuern _______________ werden.
3. Fast überall ist es inzwischen gelungen, die Säuglingssterblichkeit zu ________________.
4. In den letzten Jahren _________ der Verbrauch von Fleisch ________________.
5. Infolge der anhaltenden Dürre _________ der Grundwasserspiegel _______________.
6. Wir müssen alles tun, um die Arbeitslosenquote zu _______________.

7. Im Vergleich zum vergangenen Jahr ________ die Zahl der angebotenen Lehrstellen __________________.

Zu *steigen* und *sinken* s. auch Kapitel III, S. 19 ff

## verhindern – vermeiden

**verhindern**: bewirken, dass etwas nicht geschehen kann, oft in einer konkreten Situation: *Seine schnelle Reaktion verhinderte einen Zusammenstoß.*

**vermeiden**: Man bemüht sich (meistens vorher) darum, dass etwas Negatives nicht geschieht.
Vermeiden **bezieht sich immer auf etwas Negatives**, einen Fehler, einen Verlust, einen Krieg ...
*Wie kann man Fehler vermeiden?* (Was kann man vorher tun, damit Fehler gar nicht erst entstehen? *Fehler verhindern* wäre nicht so gut!)

Zu dem Verb *vermeiden* (nicht zu *verhindern*!) werden auch Adjektive auf *-bar* und *-lich* gebildet:
*Die Korruptionsaffäre wurde aufgedeckt. Jetzt war ein Skandal nicht mehr vermeidbar/unvermeidbar/unvermeidlich.*

Oft sind die beiden Verben austauschbar, aber es bestehen Bedeutungsunterschiede:
- *Er verhinderte eine Diskussion über das kontroverse Thema.* (Er sorgte aktiv dafür, dass es nicht zu einer Diskussion kam, indem er z. B. sagte: Wir wollen darüber nicht diskutieren.)
- *Er vermied eine Diskussion über das kontroverse Thema.* (Er umging das Thema, er ging der Diskussion aus dem Weg.)
- *Ich möchte vermeiden, ihm gegenüberzutreten.* (Ich möchte dafür sorgen, dass eine Begegnung – in der Zukunft – nicht stattfindet.)
  Aber: *Ich konnte die Begegnung nicht verhindern/vermeiden.*

**109** ***Bitte setzen Sie das entsprechende Verb ein!***

1. Die Forderung nach der Beachtung der Menschenrechte würde ein wirtschaftliches Engagement Deutschlands in manchen Ländern __________________.
2. Wir wollen einen Zeitverlust __________________.
3. Das Verbot von Experimenten mit Stammzellen ____________ medizinischen Fortschritt.
4. Man muss soziale Härten ________________.
5. Moderne Navigationsgeräte können helfen, Zusammenstöße zu ________________.
6. Der Arzt meint, ich solle unnötige Anstrengungen ________________.
7. Ich möchte einen Umweg ________________, ich fahre direkt.
8. Ich möchte es __________________, denselben Fehler noch einmal zu machen.

## der Bedarf (nur Sg.) – das Bedürfnis, -se

Beide Nomen sind von dem schriftsprachlichen Verb *bedürfen* (mit Genitiv, Synonym: brauchen) abgeleitet:
*Die Menschen in den verwüsteten Gebieten bedürfen unserer Hilfe.*
*Es bedurfte großer Anstrengungen, wieder zu einem normalen Leben zurückzukehren.*

***der Bedarf an D:*** das, was man braucht/benötigt (objektiv)
*Es besteht ein großer Bedarf an Computerfachleuten.*
Feste Verbindungen: *es besteht Bedarf an D*; den Bedarf decken

***das Bedürfnis nach:*** Wunsch, Verlangen nach etwas; Gefühl, etwas zu brauchen (subjektiv)
*Nach der anstrengenden Reise hatte ich ein starkes Bedürfnis nach Ruhe.*
Das subjektive Element ist aber nicht immer vorhanden; *Grundbedürfnisse* sind durchaus etwas Objektives: Bedarf an Nahrung, Kleidung, Wohnung ...
Feste Verbindung: *ein Bedürfnis befriedigen*

Politikersprache: *In dieser Angelegenheit besteht kein Handlungsbedarf.* (In dieser Angelegenheit braucht man nicht zu handeln/braucht man nichts zu tun.)
Die positive Variante ist auch möglich, wird aber seltener verwendet: *In dieser Angelegenheit besteht Handlungsbedarf.* (Hier muss gehandelt werden/Hier muss etwas getan werden.)

*110* ***Bitte ergänzen Sie das richtige Nomen mit seinem Artikel und die Präposition, gegebenenfalls auch das Verb der festen Verbindung:***

1. _______ menschliche Schlaf____________ ist sehr unterschiedlich ausgeprägt.
2. Nach der turbulenten Sitzung hatte ich ein großes ________________ __________ Ruhe.
3. Man vermutet, dass ________ __________________ ________ Öl noch für etwa 50 Jahre ______________________ werden kann.
4. Wenn es heiß ist, steigt ________ _____________ _______ Wasser.
5. Wenn es heiß ist, hat man eher _______ ___________________ zu trinken.
6. Er verspürte ein großes ________________ ____________ geistiger Anregung.
7. In vielen armen Ländern können nicht einmal die Grund____________ der Bevölkerung _______________ werden.
8. Wir müssen dafür sorgen, dass ______ ______________ ______ Obst und Gemüse das ganze Jahr hindurch _________________ werden kann.
9. Die Werbung versucht, ____________________ zu wecken, die vorher nicht existierten.

## die Belastung (belasten) – die Belästigung (belästigen)

**Belastung**: störende oder schädliche Wirkung auf etwas/auf j-n durch **objektive** negative Faktoren (z. B. Schadstoffe)

**Belästigung**: Störung oder Verärgerung (z. B. durch indiskrete Fragen), mehr **subjektiv**.

111 ***Bitte ergänzen Sie das richtige Nomen oder Verb!***

1. Der Hausbau brachte eine starke finanzielle ______________ mit sich.
2. Die Schadstoff______________ der Luft hat abgenommen.
3. Viele Frauen klagen über sexuelle __________________ am Arbeitsplatz.
4. ______________ Sie Ihr Gedächtnis nicht mit unwichtigen Einzelheiten!
5. Die Krankheit seiner Frau und ihre Depressionen bedeuteten auch für ihn eine große psychische ______________.
6. In den Hauptverkehrsstraßen ist die Lärm__________________ sehr stark.
7. Die Reporter __________________ die Trauernden mit indiskreten Fragen.

## das Gebiet, -e – der Bereich, -e – e Region, -en

**Gebiet** – ein bestimmter, meist relativ großer Teil einer Gegend oder Landschaft:
*Die Everglades sind ein Gebiet in Florida, wo viele Krokodile leben.*
– ein staatliches Territorium oder ein Teil davon:
*Der Verbrecher wurde auf französischem Gebiet gefasst.*

**Bereich** – Fläche oder Raum, meist durch ein charakteristisches Merkmal von der Umgebung abgegrenzt:
*Im Bereich des Äquators treten oft sphärische Turbulenzen auf.*
– Fach- oder Aufgabengebiet, das von anderen abgegrenzt ist:
*Im Bereich der Naturwissenschaften gelten bestimmte unveränderliche Gesetze.*
Wenn *Gebiet* und *Bereich* nicht konkret lokal benutzt werden, heißt es ***auf diesem Gebiet, in diesem Bereich***. Beide Ausdrücke sind dann oft austauschbar:
*Im Bereich/Auf dem Gebiet der Biowissenschaften sind revolutionäre Entwicklungen zu erwarten.*

**Region** – ein ziemlich **großes** Gebiet mit bestimmten typischen Merkmalen. Das Wort wird häufig für Klimagebiete verwendet:
*Diese Affenart lebt nur in tropischen Regionen.*
Meistens ist für „Region“ auch „Gebiet“ möglich.

112 ***Ergänzen Sie das richtige Nomen, Endungen und gegebenenfalls auch eine Präposition.***

1. _______ dies___ ____________ ist noch wenig geforscht worden.
2. In den nördlichen ______________ ist man an einen frühen Kälteeinbruch gewöhnt.
3. In ______________ mit hoher Luftfeuchtigkeit müssen Lebensmittel besonders gegen Schimmel geschützt werden.
4. In den östlichen ______________ des Landes herrscht Kontinentalklima.
5. _______ sein___ ______________ ist er ein international anerkannter Experte.

6. In den ____________ nördlich des Polarkreises kann man das Phänomen des Nordlichtes beobachten.
7. Die Tiere der alpinen _____________ müssen sich gegen die kalten schneereichen Winter schützen.
8. Diese Fahrkarte gilt nur im Stadt______.
9. Der Norden Kolumbiens ist ein von Guerilleros besetzt___ ______________.
10. Das Ruhr______ ist ____ größt__ Industrie_______ Europas.

## im Gegenteil – im Gegensatz zu

***Gegensatz*** und ***Gegenteil*** sind Synonyme, aber die Verwendung mit den Präpositionen ist unterschiedlich.

*Im Gegensatz* wird immer mit *zu/dazu* verbunden (Synonym: *im Unterschied zu*):
Im Gegensatz zu dir kann ich nicht den ganzen Tag intensiv arbeiten.

*Im Gegenteil* wird verwendet, um eine Antwort völlig zu verneinen oder um einer Aussage zu widersprechen.
*Frierst du auch so leicht? – Im Gegenteil, ich liebe die Kälte.*
*Du bis sicher todmüde! – Oh nein, ganz im Gegenteil.*

113 ***Bitte setzen Sie den richtigen Ausdruck ein!***

1. Die Bücher über Harry Potter verkaufen sich sehr gut. _____________________ hat die Nachfrage nach anderer Kinderliteratur abgenommen.
2. Ich bin überhaupt nicht nervös, _____________________, ich bin die Ruhe selbst.
3. Magst du keine Popmusik? – _____________________, ich liebe diese Musik!
4. ____________________________ dir mag ich Popmusik nicht.
5. Einige Leute behaupten, dass Bill Gates als Kind arm war. Aber ich weiß, dass er ____________________________ aus einem vermögenden Elternhaus stammt.
6. ___________________ CDU/CSU lehnt die FDP eine Erhöhung der Mehrwertsteuer ab.
7. ________________________ ihrem Mann ist sie recht klein.

## die Schuld (Sg.) an *D* – die Schulden (meist Pl.)

Der wichtigste Unterschied:
***Schuld*** ist eine **moralische** Kategorie,
***Schulden*** sind etwas **Materielles**, meistens **Geld**.
Allerdings kann *Schuld* auch in der Bedeutung von *Schulden* gebraucht werden, aber das ist sehr selten: *Auf dem Grundstück liegt eine Schuld* (ungefähre Bedeutung: Hypothek) *von 15.000 Euro.*

**Schuld** (Verantwortung für etwas Böses, Unmoralisches):
*Wer hat Schuld* ***an*** *der deutschen Bildungsmisere? Wer ist schuld daran?*
***Schuld haben an: Schuld*** wird großgeschrieben.
***schuld sein an: schuld*** wird klein geschrieben (***schuld*** wird hier als Adjektiv betrachtet).
Adjektiv ***schuldig***: Wir müssen den Schuldigen finden (den, der Schuld hat).
*Ich bin mir keiner Schuld bewusst.* (Ich fühle mich nicht schuldig.)

**Schulden (meist Pl.)**: Geldbetrag, den man ***schuldet***/den man ***schuldig ist*** (den man noch zurückzahlen muss).
**schulden *D***: *Steuerhinterzieher schulden dem Staat Millionen.*

114 ***Bitte setzen Sie „Schuld" oder „Schulden" ein! Ergänzen Sie gegebenenfalls auch eine Präposition!***

1. Der Bergführer war ____________ ____ dem Tod der ihm anvertrauten Skifahrer.
2. Mit den Handys geraten viele Kinder und Jugendliche in die ____________falle.
3. Die ______________ sind bis Jahresende zurückzuzahlen.
4. Der Minister nimmt die ______________ _____ den Folgen des Visa-Erlasses auf sich.
5. Russland hat den größten Teil seiner ____________ vorzeitig zurückgezahlt.
6. Industrieemissionen und durch den Verkehr verursachte Abgase sind ___________ ____ der Luftverschmutzung.
7. Ein großer Teil der Bundesbürger hat ____________.
8. Die ___________ des Lastwagenfahrers ___ dem Unfall konnte nicht bewiesen werden.
9. Den ärmsten Ländern sollten die ____________ erlassen werden.
10. Ich bin mir keiner ___________ bewusst.

## Staat – Stadt

Problemlose Unterscheidung, man darf's nur nicht vergessen:
Die Bundesrepublik Deutschland ist ein Staat, die Hauptstadt ist Berlin.
**r Staat, -en; e Stadt, ¨-e**; wichtige Komposita: **Großstadt, Hauptstadt**

115 ***Bitte setzen Sie „Staat", „Staaten" oder „Stadt", „Städte" ein!***

1. In Deutschland werden alle ___________ mit über 100.000 Einwohnern als Groß__________ bezeichnet.
2. In Afrika sind in den letzten Jahrzehnten viele neue _____________ entstanden.

3. Der deutsche Ausdruck für USA ist die Vereinigten ____________ von Amerika.
4. Die größten ____________ der Welt bezeichnet man als Metropolen.
5. Karlshorst ist ein ________teil von Berlin.
6. In vielen Klein________ in Ostdeutschland geht die Einwohnerzahl erschreckend zurück.
7. Viele Teile der ehemaligen Sowjetunion sind heute selbständige ____________.
8. Den Vereinten Nationen gehören 191 ____________ an.
9. Im Bund der Hanse hatten sich im Mittelalter viele ________ Mittel-, Nord- und Osteuropas zusammengeschlossen, z. B. in Deutschland Hamburg, Bremen, Lübeck und Rostock.

## das Verhalten – das Verhältnis

***Das Verhalten*** ist das Nomen zu dem Verb *sich verhalten*. Wie verhält man sich? Was tut man in einer bestimmten Situation?
Die Ausdrücke beziehen sich sowohl auf Menschen als auch auf Tiere.

**Verhältnis**: Art der Beziehungen zwischen zwei oder mehreren Teilen
***Verhältnis*** beinhaltet **zwei** Komponenten, deshalb wird das Nomen oft mit den Präpositionen ***zu*** oder ***zwischen*** benutzt: ***Im Verhältnis zu/im Vergleich zu/verglichen mit*** *früher haben sich die Arbeitsbedingungen wesentlich verbessert.*
Der Plural ***Verhältnisse*** bedeutet *äußere Zustände*: *Er wurde inhaftiert. Er ist ein Opfer der politischen Verhältnisse* (Zustände).

**116** ***Bitte setzen Sie „Verhalten“ oder „Verhältnis“ bzw. den Plural „Verhältnisse“ ein!***

1. Konrad Lorenz erforschte das ____________ der Graugänse. Er war ein ____________s-forscher.
2. Sie müssen die Flüssigkeit im ____________ eins zu drei verdünnen.
3. Wir müssen unser ____________ ändern, wenn wir die Erde für unsere Nachkommen erhalten wollen.
4. Er lebt in ärmlichen ____________.
5. Wie ist sein ____________ in einer Stress-Situation?
6. Sein ____________ zu seinen Schwiegereltern ist gespannt.
7. Sein bisheriges ____________ hat keinen Anlass zu Vorbehalten gegeben.
8. Die für dieses Projekt erforderlichen Ausgaben stehen in keinem ____________ zu den zu erwartenden Einnahmen.
9. Nach dem Ende des Zweiten Weltkriegs hat sich das ____________ zwischen Deutschland und Frankreich immer weiter verbessert.
10. Aufgrund der politischen ____________ in diesem Land kann man nicht von Demokratie sprechen.
11. Im ____________ zu früher ist eine leichte Besserung zu beobachten.

## das Wort, *Plural*: Wörter/Worte

Das Nomen ***Wort*** hat zwei verschiedene Pluralformen mit verschiedener Bedeutung:

Der Plural ***Wörter*** bedeutet einzelne Wörter, ohne Zusammenhang, wie z. B. in einem alphabetisch geordneten Wörterbuch.

Der Plural ***Worte*** bedeutet, dass die Wörter in einem Sinnzusammenhang stehen, als schriftliche oder mündliche Äußerung: Zu Beginn der Konferenz sprach der Vorsitzende einige einleitende Worte. (d. h., er hielt eine kleine Rede.)

117 ***Bitte setzen Sie die richtige Pluralform ein!***

1. Man sollte nicht mehr als zehn bis fünfzehn neue ___________ täglich zu lernen versuchen.
2. Wir wollen nicht viele ___________ machen, sondern lieber handeln.
3. Einen so komplizierten Zusammenhang kann ich nicht mit einigen wenigen ___________ erklären.
4. Jedes Wort wird durch einen kleinen Zwischenraum von anderen ___________ getrennt.
5. Gestern habe ich ein paar ___________ mit ihm gewechselt.
6. Der Satz ist sehr lang, er besteht aus über 30 ___________.
7. Ihre freundlichen ___________ haben mir wohl getan.
8. Bei einem Vorstellungsgespräch sollte man seine ___________ sorgsam wählen.
9. Er hat den Text abgeschrieben, aber er hat einige ___________ ausgelassen.
10. Ich bin sprachlos: Mir fehlen die ___________.
11. Er hat nicht sorgfältig gearbeitet, mit anderen ___________, er hat geschlampt.

## einige-, einzeln-, einzig-; eigen-

*Er war **einige** Wochen verreist.* (zwei, drei, vier … Wochen): ***einige-*** ist immer Plural.

*Im Hof stand ein einzelner Baum.* **Einzeln** bedeutet oft etwas Isoliertes. Manchmal wird es auch in der Kombination *jeder Einzelne* verwendet, in der Bedeutung von *alle*, aber unter Betonung der *einzelnen* Individuen.

*Einige* und *einzeln* können oft auch annähernd synonym verwendet werden, *einige* betont dann mehr die Zahl, *einzeln*, dass es sich um isolierte Elemente handelt: *Einige/Einzelne Vorstandsmitglieder äußerten Kritik*.
Das Nomen zu *einzeln* ist *Einzelheit*, Synonym: s Detail.

Müllers haben nur ein Kind. *Peter ist ihr **einziger** Sohn.* (Es gibt keinen anderen.)

Phonetisch, aber nicht in der Bedeutung ähnlich, ist ***eigen***: j-m gehörend, einer Sache zugehörend: *Mit 18 Jahren hatte er schon ein eigenes Auto.*

**118** ***Setzen Sie die richtigen Formen von „einige", „einzeln", „einzig" oder „eigen" ein!***

1. Sie haben vier Antworten zur Auswahl, aber nur eine ____________ Antwort ist richtig.
2. Wir brauchen eine genaue Beschreibung der ________________ Möglichkeiten.
3. Auf diese Frage gibt es nur eine ______________ Antwort.
4. Von deinem ______________ Geld kannst du dir kaufen, was du willst.
5. Ich gebe Ihnen ______________ Beispiele.
6. Es war eine Katastrophe: Kein ____________ überlebte.
7. Der Schriftsteller las ______________ ausgewählte Kapitel aus seinem neuen Roman.
8. Es wird noch _______________ Zeit dauern, bis alle Fragen gelöst sind.
9. Man sollte sich eine ______________ Meinung bilden.
10. Es ging ihm ___________ und allein darum, seine Thesen besser zu begründen.
11. Die gekauften Waren sollten ____________ verpackt werden.
12. Jede Wohnung hat einen _____________ Eingang.
13. Ein _____________ stehendes Haus auf dem Hügel erregte unsere Aufmerksamkeit.
14. __________________ müssen wir noch genauer besprechen.
15. Wir sollten uns zusammenschließen: Als ________________ hat man nicht genügend Gewicht.
16. Ich stelle jetzt ____________ Fragen zu dem Text.

## etwa – etwas

**etwa** (ungefähr): *Die Entfernung beträgt etwa 100 km.*
auch Abtönungspartikel: *Ist er etwa krank?* (Ich hoffe, nicht.)

**etwas** a) ein bisschen, ein wenig: *Er reagierte etwas langsamer als sonst.*
b) irgendein Ding, irgendeine Sache

*Hat er etwas gesagt?* (= Hat er ein Wort gesagt?)
*Iss das! Es ist etwas Gut**es**!* (eine gute Sache, d. h., ein gutes Essen).
*Weißt du etwas Neu**es**?*
*Gibt es etwas Interessant**es**?*
Das folgende substantivierte Adjektiv hat dann die neutrale Endung wie in der Adjektivdeklination ohne Artikel und wird großgeschrieben.

**119** ***Bitte ergänzen Sie „etwa" bzw. „etwas" und gegebenenfalls die richtige Endung!***

1. Gestern wurde __________ Wichtig___ bekanntgegeben.
2. ____________ gegen 6 Uhr wird es hell.
3. Der Text war ___________ schwerer als erwartet.
4. Er joggt jeden Tag ____________ eine halbe Stunde.
5. ____________ Genauer___ kann ich noch nicht sagen.
6. Ich muss noch einmal zurück. Ich habe ____________ vergessen.

## mehr – mehrere

***mehr*** ist der Komparativ von *viel*, hat **keine Endung** und wird als Komparativ oft mit ***als*** verwendet.
*Er hat viele Fragen. Sie hat noch mehr Fragen (als er).*

Einer anderen Verwendungsart von ***mehr*** begegnen wir im Bereich der **Negation**:
*Gibt es **noch** freie Stellen? – Nein, es gibt **keine** freien Stellen **mehr**.*
*Arbeitet er **noch**? – Nein, er arbeitet **nicht mehr**.*
*Sind Sie dem Problem **noch einmal** begegnet? – Nein, **nie mehr**.*
*Muss **noch etwas** erledigt werden? – Nein, es muss **nichts mehr** erledigt werden.*
*Ist **noch jemand** gekommen? – Nein, **niemand mehr**.*
*Hast du ihn **noch einmal** gesehen? – Nein, **nie mehr**.*

***mehrere*** bedeutet *einige, ein paar: drei oder vier …* „Mehrere" ist eine Pluralform und wird dekliniert.
*Die Hörer stellten mehrere Fragen.*
*Von mehreren Teilnehmern wurde Kritik geäußert.*

120 ***Bitte setzen Sie „mehr" oder „mehrere-" ein!***

1. Er muss ____________ Semester studieren als sie.
2. Bis zum Examen muss sie noch ____________ Semester studieren.
3. Mein Freund hat ____________ Studienplatzzusagen.
4. Er hat ____________ Studienplatzzusagen als ich.
5. Ich habe schon lange nichts ____________ von ihm gehört.
6. Heute leben in Deutschland sehr viel ____________ Alte als vor 20 Jahren.
7. In den nächsten Tagen soll es noch ____________ regnen.
8. Es hat keinen Zweck zu warten. ____________ gibt es nicht.
9. ____________ Kunden haben die späte Auslieferung beanstandet.
10. Nach dem Studium ging er ins Ausland, und ich habe ihn nie ____________ wiedergesehen.
11. Es wurden keine Fragen ____________ gestellt.
12. Es wurden ____________ Fragen gestellt.

## der/die/das meiste / die meisten – am meisten – meistens/meist

***der/die/das meiste / die meisten*** sind die attributiv gebrauchten Superlativformen des Adjektivs *viel/viele*.
*Der Student hat das meiste Geld schon ausgegeben.*

***am meisten*** ist der prädikativ gebrauchte Superlativ des Adverbs viel.
*Ich arbeite viel – Mein Freund arbeitet mehr – Der Chef arbeitet am meisten.*

***meistens*** oder ***meist*** sind Adverbien und Teil der Reihe: immer – **meistens/meist** – oft – manchmal – selten – nie.
*Meistens ist er pünktlich.*

**121** ***Setzen Sie die richtigen Ausdrücke ein: „am meisten" – „die meisten" – „meistens/meist"***

1. Wenn es ein Gewitter gibt, regnet es ____________ auch.
2. Wenn das Barometer steigt, kommt ____________ besseres Wetter.
3. ________________ Familien in Deutschland haben ein oder zwei Fernseher.
4. ____________ Männer interessieren sich besonders für Sport, und ____________ für Fußball.
5. Wer ____________ leistet, verdient ____________.
6. Wenn ich Kopfschmerzen habe, nehme ich ____________ ein Aspirin.
7. ________________ Asiaten haben Schwierigkeiten beim Hörverstehen.
8. Herr Keller weiß viel über Automotoren, aber ________________ versteht er von Autoelektronik, das ist sein Spezialgebiet.
9. In den letzten Jahren hat Ferrari ________________ Formel-1-Rennen gewonnen.
10. Man lernt viel, wenn man zuschauen kann; man lernt mehr, wenn der Meister alles genau erklärt, aber man lernt ____________, wenn man etwas selbst machen muss.
11. ________________ Menschen vergessen alles, was sie nicht interessiert.
12. In ____________ Fällen bekommt man eine freundliche Auskunft, wenn man auf der Straße jemanden nach einer Adresse fragt.
13. ____________ Staaten haben die Todesstrafe abgeschafft.

## Einige kleine Hilfen zum Unterschied zwischen *wenig* und *gering*

(zu *wenig* s. auch Ü. 78)

**wenig:** Gegenteil *viel*:
wenig Geld – viel Geld
wenig Zeit – viel Zeit
wenig Freude – viel Freude, große Freude

*Das alles nützt uns wenig. Gering* ist hier nicht möglich. Aber: *Der Nutzen* ***war*** *gering.*
(*wenig* wird selten mit dem Verb *sein* verbunden. Möglich ist z. B.: Nur zehn Stück – das ist aber wenig! Das ist viel zu wenig!)
*Wenige Minuten nach acht begann das Seminar, obwohl nur wenige Interessenten gekommen waren.*
Aber: *Wenige Minuten nach acht begann das Seminar, obwohl die Teilnehmerzahl gering* ***war****.*

**gering**: ungefähre Bedeutung: *klein*, Gegenteil: *groß, stark*
geringe Bedeutung – große Bedeutung
**eine** geringe Zahl – eine große Zahl **(*****wenig*** **+ Nomen wird nicht mit dem unbestimmten Artikel verbunden. (*****Ein wenig*** **ist ein Synonym von** ***ein bisschen/etwas*****.)**

**122** ***Bitte setzen Sie „gering" oder „wenig" ein! Einmal ist beides möglich!***

1. Die Aufzeichnungen halfen uns ____________. Sie bedeuteten nur eine sehr ____________ Hilfe.
2. Wir hatten damals nur ____________ Möglichkeiten, Geld zu verdienen.
3. Schon eine ______________ Menge dieses Giftes ist tödlich.
4. Er lebte isoliert und hatte nur ______________ Freunde.
5. Die Wirkung der Rede auf die Zuhörer war ______________.
6. Es lag nur ein ______________ Zeitraum zwischen seinem Abitur und dem Beginn seines Studiums.
7. In den vergangenen Wochen hat es nur ___________ geregnet. Die Niederschlagsmenge war wesentlich _______________ als in anderen Jahren.
8. Es werden zu _______________ Arbeitsplätze geschaffen.
9. Das für das nächste Jahr vorhergesagte Wirtschaftswachstum ist ____________ als erwartet.
10. Das Ende steht bevor. Es gibt nur noch ______________ Hoffnung.
11. Das Ende steht bevor. Es besteht nur noch eine _______________ Hoffnung.
12. In Italien gibt es _______________ Wald. Die Wälder wurden schon zu Zeiten der Römer abgeholzt.
13. Er spricht keine einzige Fremdsprache, also hat er _______________ Aussicht auf Erfolg.
14. Er spricht keine einzige Fremdsprache, also hat er nur eine _______________ Aussicht auf Erfolg.
15. Er spricht keine einzige Fremdsprache, also sind seine Aussichten auf Erfolg ________.

## mindestens – zumindest – wenigstens

werden in vielen Fällen synonym verwendet. Sie signalisieren eine Grenze, die nicht nach unten, wohl aber nach oben überschritten werden kann.
**Mindestens** wird sehr oft bei Zahlen gebraucht und bezeichnet dann die kleinste mögliche Zahl, wobei auch eine höhere Zahl möglich ist.
*Ein Laptop dieser Qualität kostet mindestens 2.500 €.*
Aber auch: Der Prüfungstext war ***mindestens so*** schwer ***wie*** die Übungstexte: **mindestens** benutzt man in solchen Vergleichen!

**Wenigstens** bezeichnet das Minimum, das erwartet werden kann, ist oft auch emotional gefärbt:
*Hier habe ich wenigstens meine Ruhe!*
*Nach drei Jahren Studium hat sie jetzt wenigstens die Zwischenprüfung bestanden.*
*Man muss mindestens die Zwischenprüfung bestanden haben, um ein Oberseminar besuchen zu können.*
*Ich werde wenigstens 30.000 € Entschädigung erhalten: Das ist ein Trost.*
*Ich werde mindestens 30.000 € Entschädigung erhalten: vielleicht auch mehr.*

**Zumindest** wird hauptsächlich in der Schriftsprache verwendet, sehr oft synonym mit *wenigstens.*
*Anscheinend hat er alles verstanden. Er hat zumindest (wenigstens) keine Fragen mehr gestellt.*

**123** ***Bitte setzen Sie „mindestens" oder „wenigstens" ein!***

1. Die Prüfung war schwer, aber wir waren ________________ gut vorbereitet.
2. Mein Betreuer hat mich umfassend beraten. Jetzt weiß ich ________________, was ich tun soll.
3. Er hatte keine Zeit mir zu schreiben, aber er hätte ________________ anrufen können.
4. Ich muss ein neues Wort ________________ zehnmal wiederholen, bis ich es kann, aber dann vergesse ich es ________________ nicht mehr so schnell.
5. In der Prüfung muss man ________________ 66 % der möglichen Punkte erreichen. Wenn man in einem Teilgebiet Schwierigkeiten hat, sollte man ________________ in den anderen ein paar Punkte mehr erreichen.
6. Ich fand den Vortrag eigentlich ganz interessant, ich bin ________________ nicht eingeschlafen. Aber ________________ die Hälfte der Zuhörer hat dauernd gegähnt.
7. Das Buch ist ________________ so gut wie der Film, vielleicht besser.
8. Hier kann ich in Ruhe arbeiten und werde ________________ nicht ständig gestört.
9. Man sollte im Normalfall jede Nacht ________________ 6 Stunden schlafen.
10. ________________ am Wochenende sollte man ausschlafen können!

## Anhang: Synonyme von *können*

Für das Modalverb **können** gibt es eine Reihe ähnlicher Ausdrucksformen, die aber nicht ohne weiteres austauschbar sind.
Es handelt sich um das Vollverb **vermögen** (das dann mit dem **Infinitiv mit *zu*** verwendet werden muss) und um die Ausdrücke
- ***fähig sein,***
- ***in der Lage sein,***
- ***imstande sein,***

die auch mit dem **Infinitiv mit *zu*** verbunden werden.
Das Verb **vermögen** ist unregelmäßig: vermag – vermochte – hat vermocht.
Es gehört in den schriftsprachlichen Bereich, wird öfters in Texten der gehobenen Sprache benutzt:
*Er vermochte es nicht, uns **zu** überzeugen.*
*Ich werde tun, was ich vermag.*
*Ob die Voraussagen eintreffen werden, vermögen wir nicht **zu** sagen.*

**fähig:** aufgrund körperlicher oder intellektueller Voraussetzungen etwas tun können:
*Sie war völlig erschöpft und zu keinem vernünftigen Gedanken mehr fähig.*
*Er ist durchaus fähig, diese Aufgabe zu meistern.*
Mit ***fähig*** werden sehr viele Komposita gebildet; in unserem Kontext besonders wichtig:
*anpassungsfähig, ausbaufähig, lernfähig, wettbewerbsfähig, widerstandsfähig ...*

**in der Lage sein** basiert natürlich auf dem Nomen *Lage*, Synonym *Situation*, und wird entsprechend verwendet:
*Leider bin ich nicht in der Lage, dir zu helfen.* (Meine Situation ist nicht so.)

**imstande**, meistens austauschbar mit *fähig*, aber auch mit *in der Lage*, ist mehr im umgangssprachlichen Bereich zu Hause:
*Er war nicht einmal imstande, diesen einfachen Text zu verstehen.*

### Unterschied *fähig – in der Lage*

*Er ist nicht fähig zu helfen* (aufgrund seiner körperlichen oder geistigen Voraussetzungen).
*Er ist nicht in der Lage zu helfen* (seine Lage, die Situation, in der er sich befindet, lässt es nicht zu).
**(Aber nicht immer wird diese Unterscheidung streng eingehalten. Oft treten auch inhaltliche Überschneidungen auf.)**

124 ***Bitte verwenden Sie „fähig" oder „in der Lage"! In allen Sätzen sind beide Ausdrücke möglich, aber meistens gibt es doch eine deutliche Präferenz für einen der beiden (s. Ausrufezeichen!) Bitte denken Sie daran, dass Sie den Infinitiv mit „zu" brauchen!***

1. Der Kranke – nicht – aufstehen

   ______________________________

2. Wir halten ihn für – , den Anforderungen genügen (!)

   ______________________________

3. Sie – durchaus, diese Aufgabe meistern (!)

   ______________________________

4. Das Team – durchaus, das Projekt durchführen

______________________________________________

5 Zurzeit – wir – nicht, die Lieferungen termingerecht durchführen (!)

______________________________________________

6 Manche Wissenschaftler – nicht, sich allgemeinverständlich ausdrücken (!)

______________________________________________

7 Manche Eltern – nicht, ihre Kinder finanziell unterstützen (!)

______________________________________________